Kunst & Antiquitäten

Ein fröhliches Wörterbuch für
Kenner und Könner, Sammler und Liebhaber
und alle, die mit ihnen zu tun haben.

Von Gertrud Hochstätter
mit Zeichnungen von Brian Bagnall

TOMUS

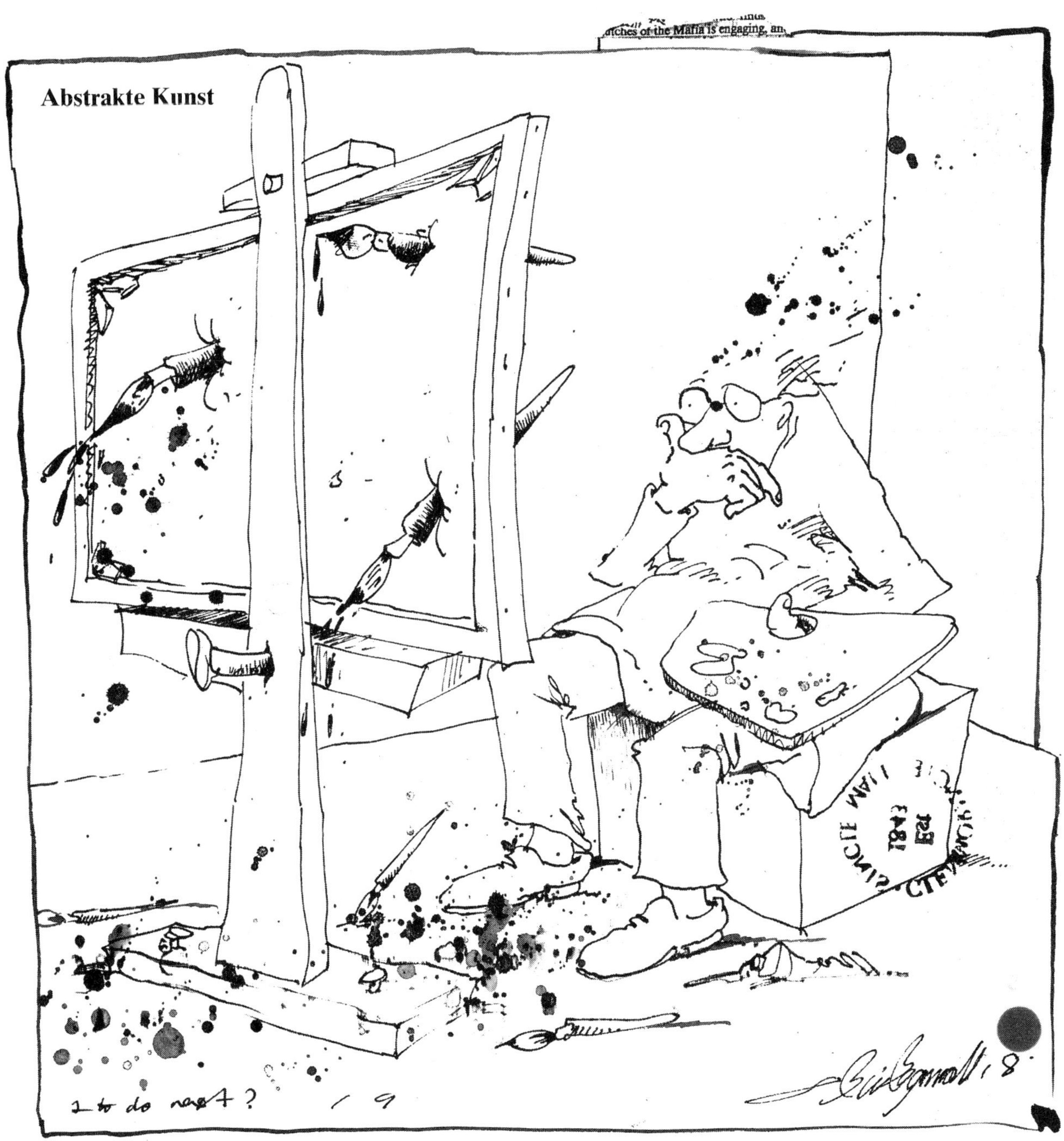
atches of the Mafia is engaging, an
Abstrakte Kunst

A

Abstrakte Kunst	Kunstrichtung, die von cleveren Marktstrategen entwickelt wurde, als die aufkommende Photographie die gegenständliche Malerei überflüssig gemacht hatte.
Accrochage	Eine von Galeristen arrangierte Ausstellung nach dem Potpourri-Prinzip, bei der an ein- und derselben Wand Bilder von Leuten hängen, die nie nebeneinander pinkeln würden.
Ahnengalerie	Portraitsammlung. Nimmt bei reichen Leuten die Stelle des proletenhaften Familienalbums ein (siehe auch Portrait!).
Akademisches Viertel	Optimistische Hochrechnung der Zahl von Kunststudenten, die außerhalb der Mensazeiten in der Akademie anzutreffen sind.
Akt	Kleidsamer Ausdruck für nackt. Der durchschnittliche Künstler (siehe dort!) malt fünf Akte im Leben. Den letzten A. heiratet er, womit es dann ein Ende mit dem Aktmalen hat.
Allegorie	Figur, die einen abstrakten Wert verkörpert. So verkörpert zum Beispiel Helmut Kohl das Sitzvermögen, Willy Brandt das Trinkvermögen und Hans-Dietrich Genscher die Reiselust.
Amoretten	Liebespillen aus der Zeit des Rokoko.
Antes, Horst	Einer der wenigen zeitgenössischen Maler, die ein eigenes Gesicht haben. Dieses Gesicht zeigt sich in Gestalt des „Kopffüßler Menschen", den A. gewöhnlich im Profil mit zwei übereinanderliegenden Augen darstellt. Ganz egal, was A. auch malt oder modelliert – der Kopffüßler strampelt immer irgendwo herum. Was für den Künstler den Vorteil hat, daß er sich nicht immer was Neues ausdenken muß.

Und was auf der Käuferseite den Vorteil hat, daß auch der Dümmste gleich merkt, wer da wieder am Werke war.

Antik — Prädikat des Kunsthandels für alle Gegenstände, die entweder kaputt oder über zehn Jahre alt sind.

Apelles von Kolophon — Hofmaler Alexanders des Großen. Malte den gordischen Knoten, bevor ihn Alexander durchschlug. Weil der aber auch sonst alles kurz und klein schlug, ist von dem alerten Apelles und dessen Bildern rein gar nichts überliefert.

Apostellöffel — Garnitur aus 13 Löffeln, deren Stiele die zwölf Apostel und Maria darstellen und im 16. und 17. Jahrhundert ein beliebtes Patengeschenk waren. Heute profanisiert als Hertha-BSC-Löffel oder Schalke-Löffel.

Aquarell — Nachdem die Aquarellmalerei lange mit Stimmungsbildern der griechischen Küste beschäftigt war, hat sie jetzt eine Wendung ins Sozialkritische genommen. Künstler, die lange nach einem unverwechselbaren Arbeitsfeld gesucht hatten, hängen jetzt einfach ihre Leinwände in Rhein, Elbe oder Isar, trocknen sie anschließend in unverfälschter Smogluft und präsentieren die vielfarbigen Machwerke dann einem betroffenen Publikum.

Arbeitsstörung — Normalen Menschen fällt nichts ein, sie sind nicht gut drauf, sie haben keine Lust, sind müde, deprimiert oder schlicht faul. Künstler dagegen haben eine Arbeitsstörung. Die lassen sie wie eine neunschwänzige Katze über ihren Nächsten kreisen, weil die ja eigentlich die Schuldigen sind. Bestes Mittel gegen diesen Zustand, der oft ein Leben lang anhält, sind a) drei Kinder, b) ein Hund, c) ein Garten, d) eine Erbschaft oder e) ein Jahreskontingent an Knallpapier (siehe dort!).

Art Consultant — Mann, der Maler werden wollte und das nicht schaffte, dann Galerist werden wollte und das nicht schaffte, und der jetzt ratsuchenden Mana-

Antik

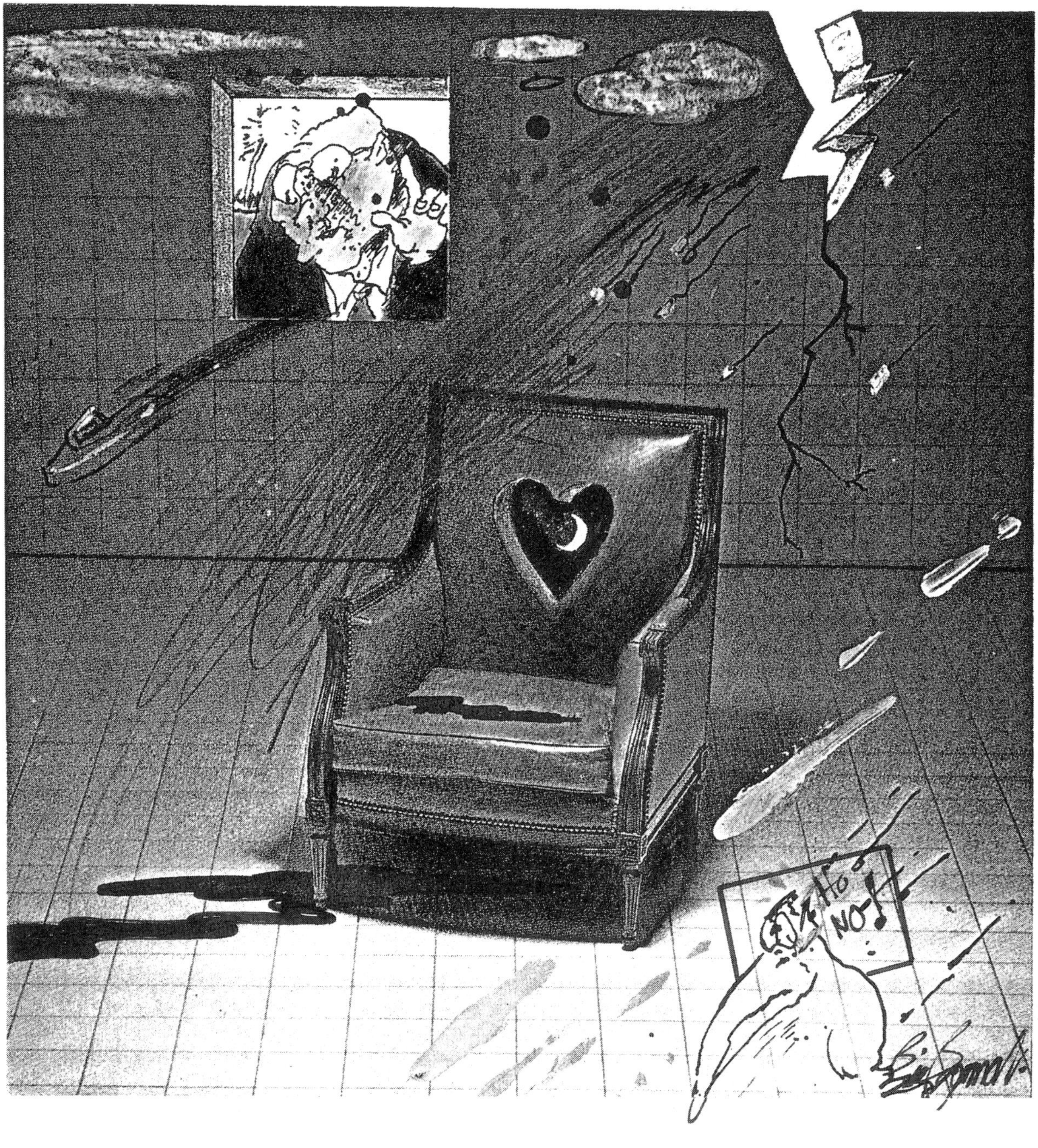

gern verrät, wo sie sich Unternehmenskultur (siehe dort!) kaufen können.

Art Director

Eine Art Direktor.

Astwerk

Dekoratives Bauelement der Gotik zur Ausschmückung von Taufbecken, Kanzeln und Baldachinen. Nicht zu verwechseln mit dem Astlochschmuck, der von Ikea (siehe dort!) in die moderne Wohnkultur eingeführt wurde.

Atelier

Zentrales Thema im Leben des Kunstschaffenden ist und bleibt die Suche nach einem geeigneten A.. Spätestens wenn Badezimmer und Küche total versaut sind, wenn Kopfschmerz und Atemwegserkrankungen wegen der ständigen Farbdämpfe in der Wohnung chronisch geworden sind, muß das ideale A. gefunden werden. Diese Suchphase gehört zu den aktivsten und gesündesten eines Künstlerlebens. Bewohner des Elfenbeinturms erfahren staunend, welchen Spaß sie beim Telefonieren mit wildfremden Werkstattvermietern, beim Plauschen mit Hausmeistersgattinnen und Trinkhallenbesitzern finden. Freilich sind die Ansprüche hoch. So soll das A. unter anderem folgende Eigenschaften haben: Es soll ruhig, aber zentral gelegen sein. Es soll viel Grün drumherum haben, zugleich aber urbane Kühle ausstrahlen. Es soll extrem hell sein, aber möglichst wenige Fenster haben, weil die Bilder ja irgendwohin müssen. Es soll spartanisch-edel sein, aber jeden Komfort bieten. Es soll riesig sein bei winzigen Heizkosten, und es darf auch sonst nichts kosten. Die Suche nach dem A. ist also ein lebenslanges Aufgabenfeld, denn nichts entschuldigt Arbeitsstörungen (siehe dort!) und -pausen eleganter als der Verweis auf die Arbeitsbedingungen.

Attika

Machte in den 60er Jahren als Zigarette von sich reden.

Atelier

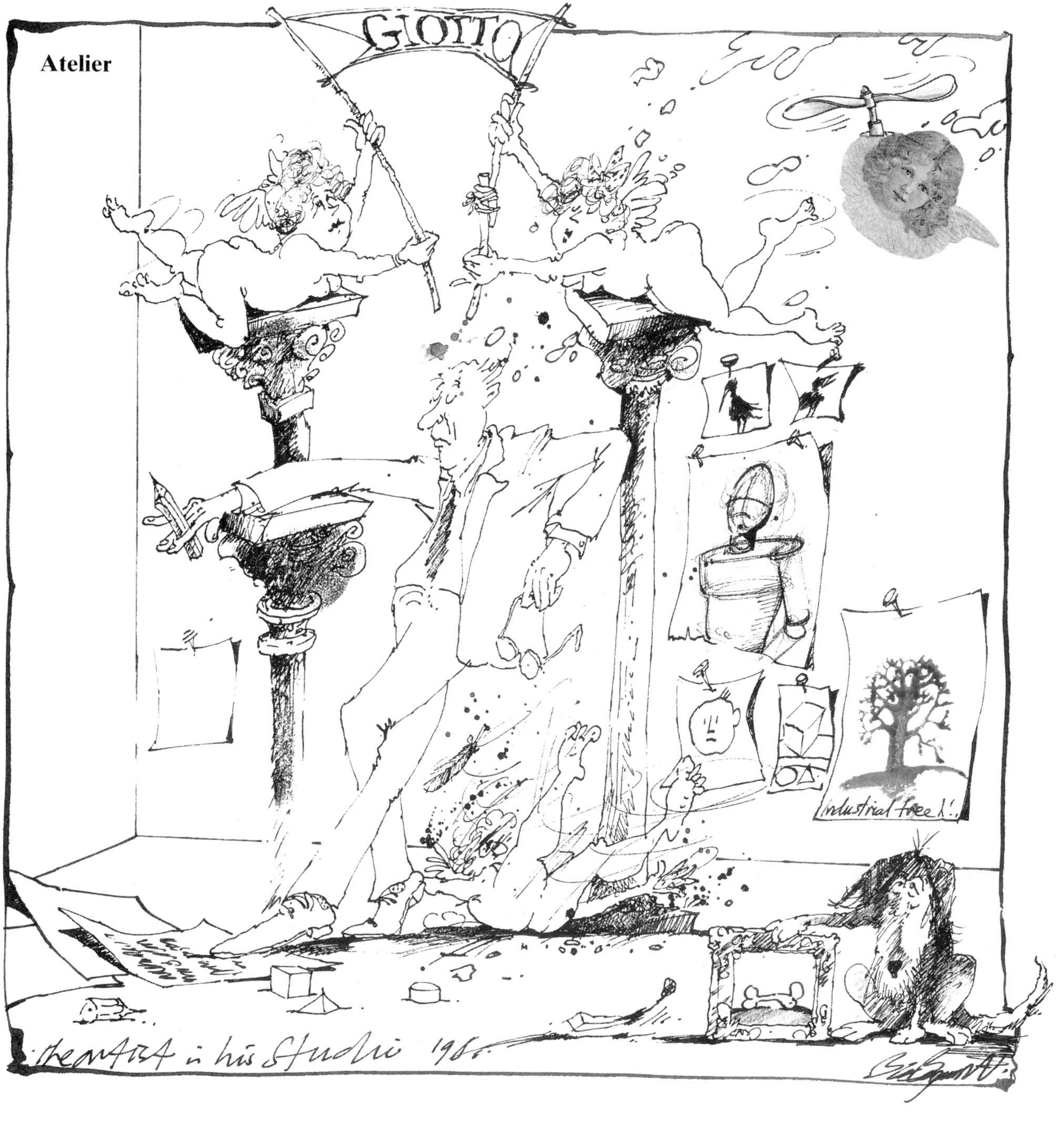

Bauhaus

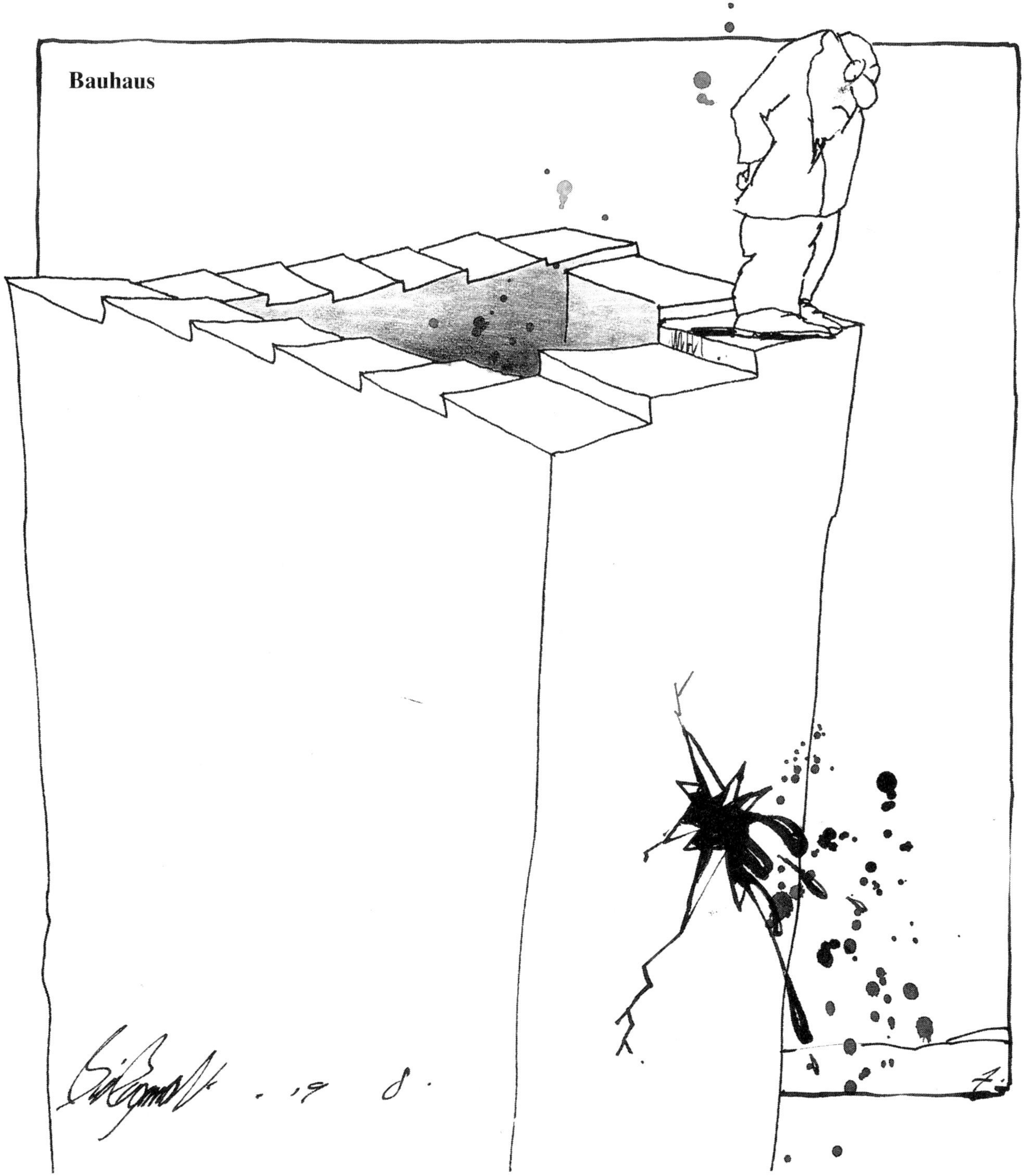

Auftragsarbeit

Bild, das nur bezahlt wird, wenn es gefällt. Goya zum Beispiel bekam seine Bilder der spanischen Königsfamilie ohne viel Wenn und Aber los, obwohl er die Auftraggeber als unmittelbare Nachfahren der Schildkröte dargestellt hatte. Nichts dagegen bekam die Portraitistin der heutigen Fürstenfamilie von Thurn und Taxis, obwohl sie die Leute genauso gemalt hat, wie sie auch aussehen.

B

Badegläser

Andenkengläser aus Badeorten, die im Biedermeier (siehe dort!) gern gesammelt und in Vitrinen ausgestellt wurden. Heute nimmt man von Kur- und Ferienorten Handtücher, Besteck oder Fernseh-Portables mit Hotelaufdruck zur Erinnerung mit.

Baldung, Hans, genannt Grien

Erzchauvi der Malerei des 16. Jahrhunderts. Lernte eine Menge bei Albrecht Dürer. Bevorzugte Malobjekte Baldung Griens waren schwabbelleibige Hexen, die, unter totem Geäst sitzend, übelriechende Essenzen zusammenbrauen oder, durch die Luft reitend, Hühnerbeine kochen. Vielleicht hängt es mit dieser Frauenauffassung zusammen, daß die Werke des grinsenden Sonderlings vornehmlich von bayerischen Museen aufgekauft wurden.

Baselitz, Georg

Deutscher Maler des 20. Jahrhunderts. Ihm verdanken wir unter anderem das Gemälde „Die Nacht im Eimer". B. gab auch wichtige Anregungen für die Kunst des Bilderaufhängens, weil er seit 1969 die Figuren seiner Bilder auf den Kopf stellte. Seitdem beschäftigt jeden Museumsdirektor die Frage, ob nicht zahllose Bilder vergangener Meister seit Jahrhunderten falsch rum hängen.

Bauhaus

Architektonischer Trend, der 1919 von dem Weimarer Baukünstler Gropius ins Leben gerufen wurde. Erklärtes Ziel von Gropius war es,

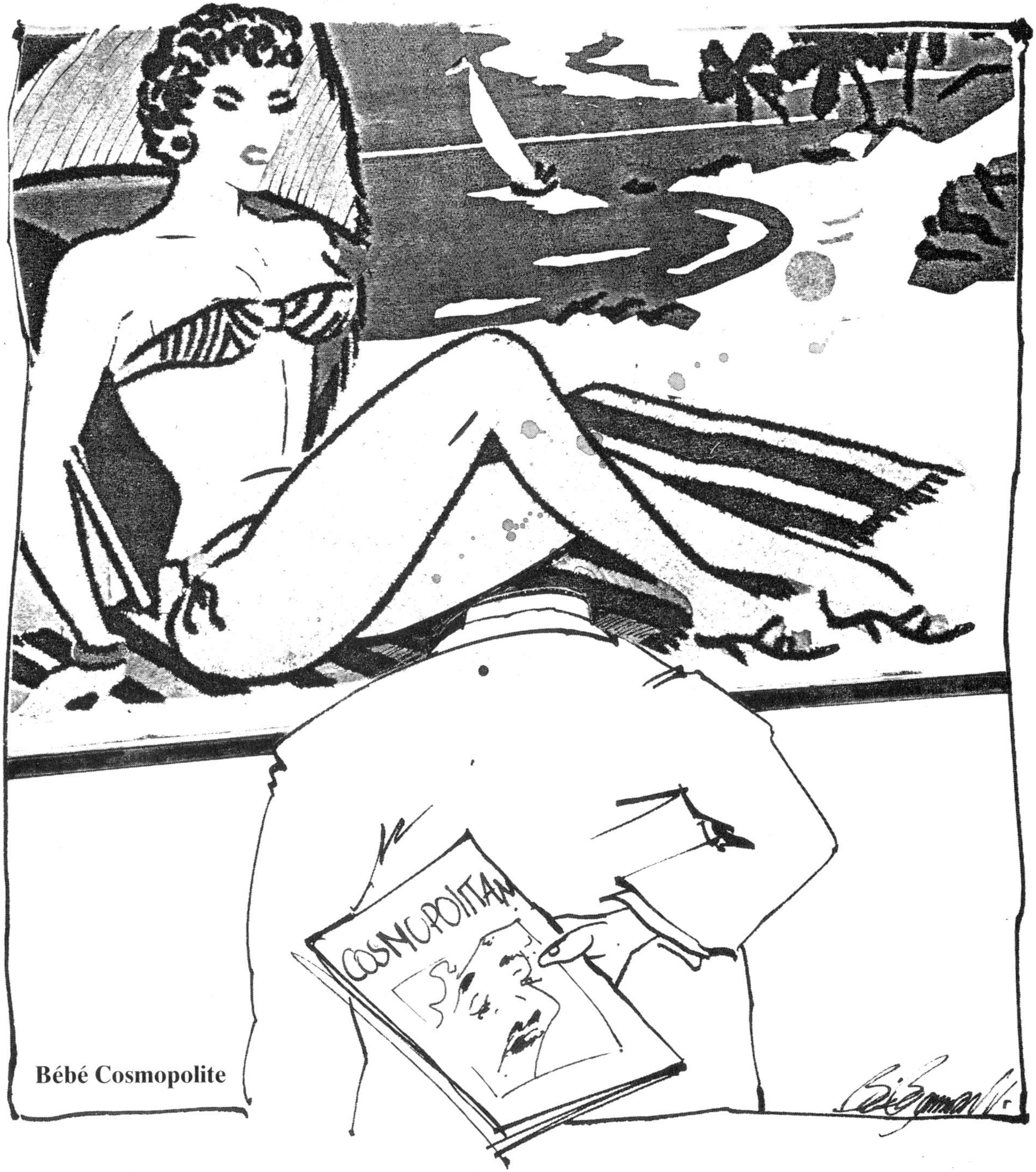

Bébé Cosmopolite

mit der Pracht und der Herrlichkeit der Gründerzeit wie auch mit dem süßlichen Schnickschnack des Jugendstils Schluß zu machen und an deren Stelle klare, sachliche Formen zu setzen. Bekannte Vertreter des B. sind der Franzose Le Corbusier (siehe dort!), der die Wohnmaschine kreierte, und der Holländer Mies van der Rohe (siehe dort!), der alles mies machte, was nicht von ihm war. In der Nachfolge des B. entstanden die Paläste der neuen Heimat und die Urlaubsparadiese an der spanischen Costa del Sol.

Beardsley, Aubrey Vincent Neben Lionel Feininger und van Gogh prominentester Ausstatter für die Zimmer pubertierender Jugendlicher.

Bébé Cosmopolite Diese Riesenpuppe von Heinrich Handwerck war um die Jahrhundertwende sehr begehrt, mußte aber bald den ersten richtigen Künstlerpuppen von Marion Kaulitz weichen. Immerhin gab Handwercks Kreation die Anregung zur Schaffung der Zeitschrift Cosmopolitan, die ja ausschließlich Riesenpuppen zu ihren Leserinnen zählt.

Beuys, Joseph Niederrheinischer, im Katholischen wurzelnder Kaufmannssohn. Übte sich zunächst in naturwissenschaftlichen Studien und als Stukaflieger, ehe er die Kunstszene der Nachkriegszeit Mores lehrte. So entdeckte er Filz und Fett als Urwärmespender der Menschheit, was er in Werken wie dem Fettstuhl oder einem Ensemble mit Filzdecken vergegenwärtigte. Berühmt sind auch seine Aktionen. So sperrte sich der Neo-Schamane B. beispielsweise in New York fünf Tage mit dem Kojoten Little John ein und teilte mit ihm Stroh- und Filzlager – Motto: „I like America, and America likes me“. Auch einen Boxkampf mit einem Studenten und das Ausfegen des Düsseldorfer Stadtwalds betrachtete der Professor als Zeugnisse seines erweiterten Kunstbegriffs. Mit der Obrigkeit hatte B. nichts am Hut. Mit Studenten besetzte er die Düsseldorfer Kunstakademie, an der er selbst lehrte, um seiner Meinung, daß jeder Mensch ein Künstler sei, Nachdruck zu verschaffen. B. galt zeitweilig als bestangezogener Mann an der Akademie. So trug er Flanellanzüge und Hemden mit getrockneten Hasenköttelchen in der Brusttasche. Als Nadel für seine schwarzen Schlipse bevorzugte er einen Hasenkiefer.

Biedermeier

Einfach gediegene Wohnkultur in der ersten Hälfte des 19. Jahrhunderts, die 150 Jahre später eine Renaissance im Stil des Kiefermeier erlebte. Während das B. eine Stilrichtung war, mit der sich das Bürgertum bewußt gegen höfischen Prunk absetzte (deswegen die Zusammensetzung von bieder und meier), ist das von Ikea (siehe dort!) geschaffene Kiefermeier geprägt von dem Glauben, daß alle Menschen zwischen 15 und 30 den gleichen Geschmack haben und Klassenunterschiede in der Welt des Hochkapitalismus endgültig verschwunden sind.

Bilderstürmerei

Anarchische Bewegung aus der Reformationszeit, als aufgebrachte Buchstabengläubige katholischer Zeigelust den Garaus machen wollten. So verwerflich dieses Tun aus heutigem Blickwinkel erscheinen muß, so deutlich zeigt es ein Problem heutiger Kunstvermarktung. Da permanent neue Künstler permanent neue Bilder produzieren, die Bevölkerungsanzahl aber eher schwindet, ist ein gigantischer Bilderberg entstanden, der zunehmend die Absatzkanäle verstopft. Auch die in letzter Zeit üblich gewordenen Säureangriffe (siehe dort!) sind keine angemessene Lösung des Problems. Eher bietet sich da schon die neue Richtung der Destruktions- oder Einweg-Art an: Sobald ein Bild geschaffen ist, wird es vernichtet und ordnungsgemäß im Trennmüll verscharrt.

Biobu

Alter japanischer Paravent, bespannt mit zartem Papier oder Seide. Beliebt bei reichen Green-Peace-Kämpfern, deren umweltfreundliche Kinder ihn auch mal mit dem Aufkleber „Jute statt Knute“ versehen.

Black and white

Gestaltungsprinzip westeuropäischer Kunstschaffender, die wissen, was Trend ist. Modrige Hinterhäuser werden mit Alpina-Weiß und Achselschweiß in gleißende Tempel verwandelt. Der Kunstjünger

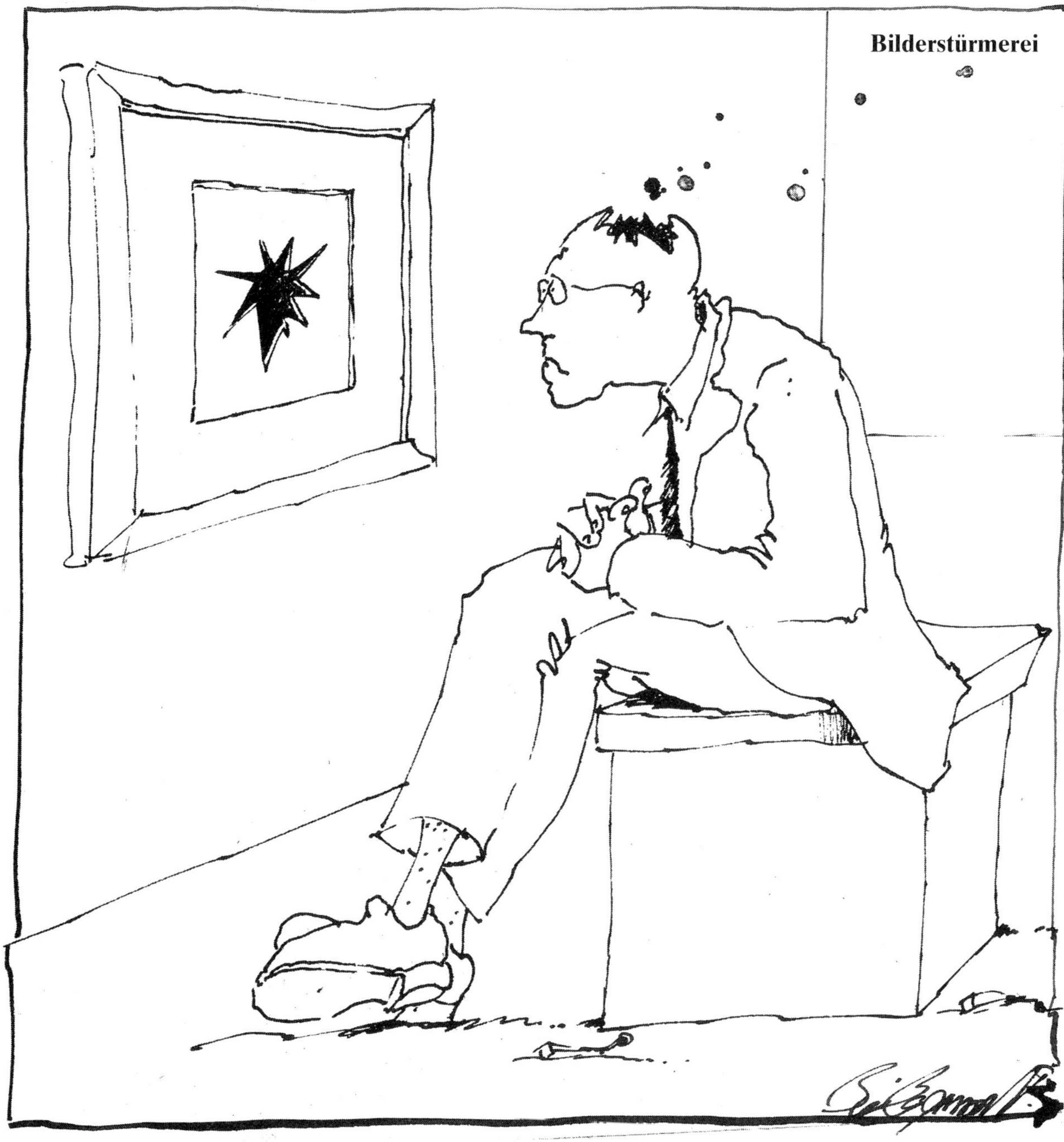
Bilderstürmerei

aber hüllt sich ausschließlich in einen schwarzen Endzeitornat, der an den gleichfarbigen Abt von Edgar Wallace gemahnt.

Blattgold

Altertümlicher Ausdruck für Papiergeld.

Blaues Pferd

Sozialkritisches Bild von Franz Marc.

Böttger, Friedrich

Alchimist und Chemiker. B. wurde nach seiner Flucht aus Berlin in Dresden gefangengenommen, wo er um 1707 partout ein Rezept für Dresdner Stollen entwickeln sollte. Als ihm die Stollen nicht glückten, machte er aus der widerspenstigen Masse das Porzellan, womit der ewige Pechvogel fortan von seiner Frau beworfen wurde.

Bonheur du jour

Damenschreibtisch aus dem 17. Jahrhundert, an dem der gleichnamige Tchibokaffee getrunken wird.

Boulle, André-Charles

Möbelkünstler am Hof von Versailles, der vor gar nichts zurückschreckte. Gemeinsam mit seinem Spezi Bérain, seit 1674 Hofornamentist, entwarf er massenhaft Figürchen mit antiken Ornamenten, pausenlos sägte er Dekorelemente aus Holz, Schildpatt, Messing, Zinn, Perlmutt, Horn und Elfenbein. Diese Erzeugnisse wurden, wo immer es ging, aufgeleimt: auf Tische, Kommoden, Bücherschränke, Konsolen. Damit die Ecken, Füße und Griffe sich nicht beklagen konnten, wurden sie in reich ornamentierter Goldbronze gefertigt, und sogar den Zahnputzbechern wurden Platonköpfe aus Schildpatt angeklebt. Ein solcher Platonbecher fand sich auch in der Antiquitätensammlung des verstorbenen Popkünstlers Andy Warhol, der ja in Wahrheit mit der modernen Kunst absolut nichts am fahlen Kopf hatte.

Bourdalou

Porzellantopf aus dem 17. Jahrhundert, benannt nach dem französischen Prediger Louis Bourdalou, der seinerzeit besonders bei den Damen der besseren Gesellschaft ungemein beliebt war. Schon Stunden vor Beginn seiner Predigten mußten sich die Damen einen Sitz-

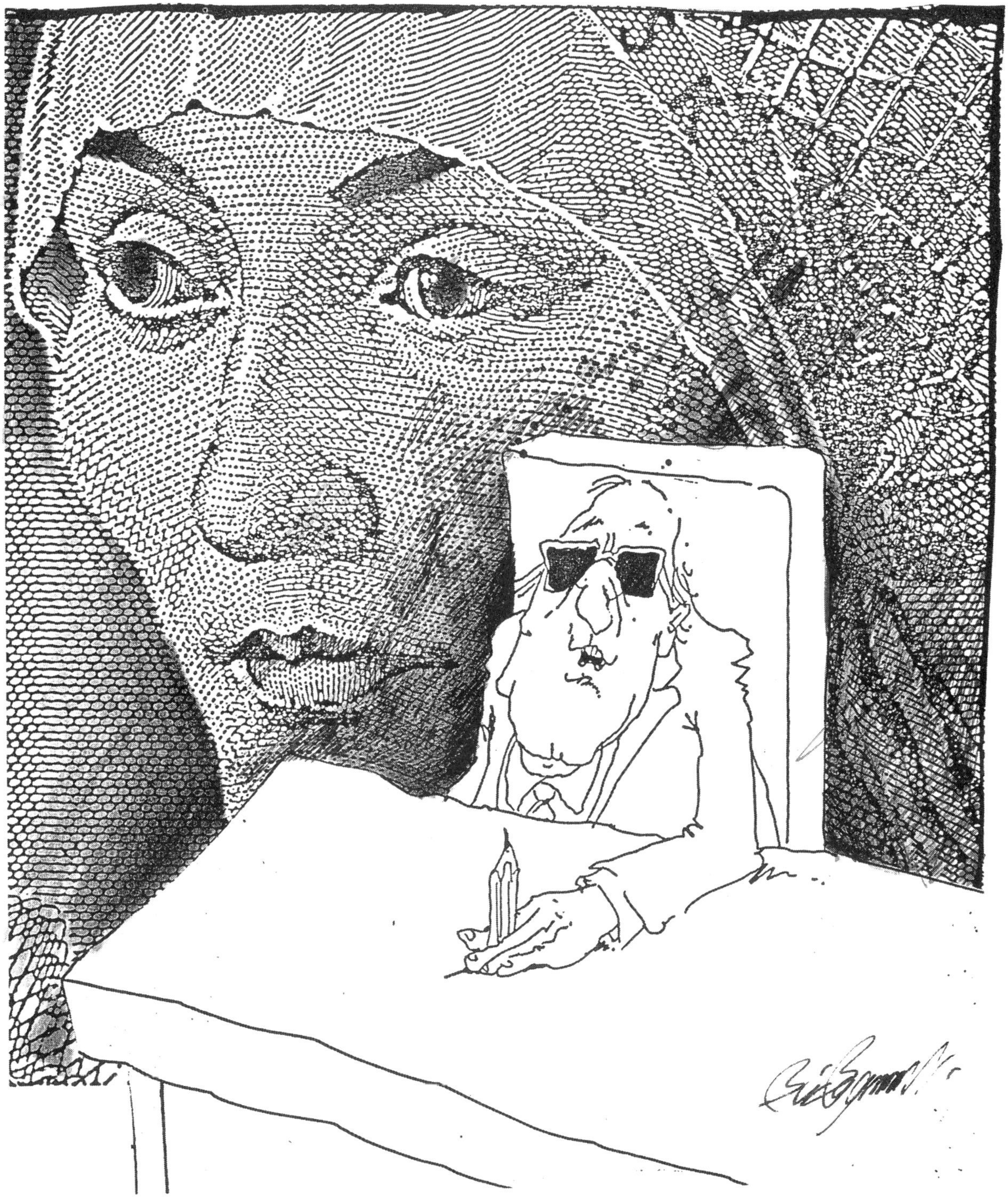

Brettersessel

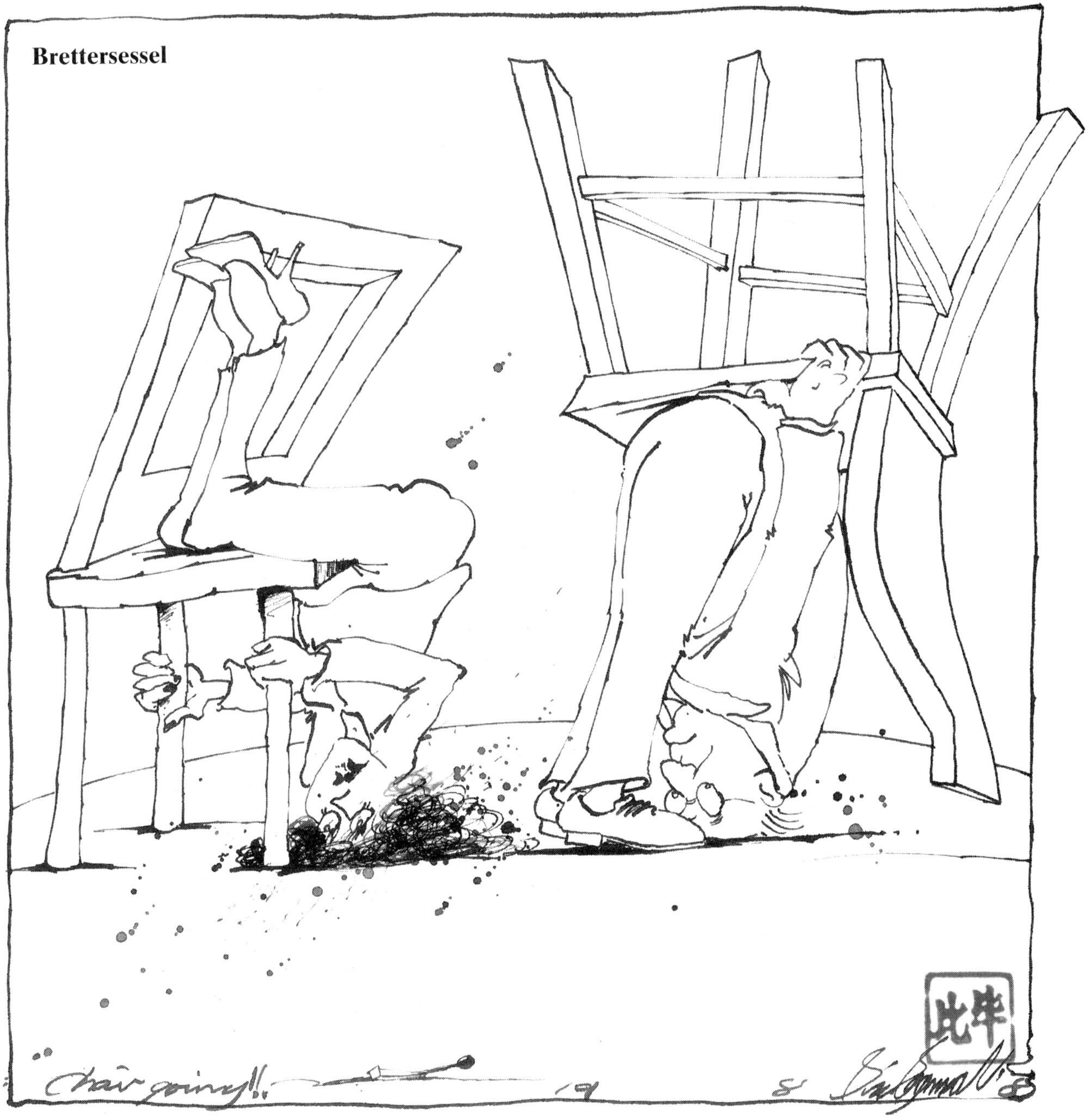

platz ergattern, von dem sie nur unter dem Risiko des Verlustes wieder aufstehen konnten. Da natürliche Dränge bei der langen Wartezeit nicht ausbleiben konnten, wappneten sich die Damen unter ihren weiten Röcken mit dem Bourdalou. Während die donnernden Vorträge Bourdalous bald in Vergessenheit gerieten, hat sich das gleichnamige Gefäß einen festen Platz in der Welt jener Menschen gesichert, die allezeit nach dem Edlen und Schönen suchen.

Breker, Arno

Pflegte als Bildhauer einen Stil, der von den Nazis nicht abgelehnt wurde. Brekers Vorliebe gilt auch heute noch dem aufrechten Menschen, der sich mit gereckter Hand über das Mittelmaß erhebt. Nach dem zweiten Weltkrieg hat es kontroverse Diskussionen über den Künstler gegeben, dessen Produktion immer noch nicht zum Stillstand gekommen ist. Wer sich sein eigenes Urteil bilden will, fährt am besten mit der Straßenbahn von Düsseldorf-City zum Vorort Kaiserswerth. Von der Straßenbahn kann er nämlich gut in Brekers Garten schauen, der mit seinen Werken vollgestellt ist. Damit man nicht vergeblich guckt, wird die Gartenhecke regelmäßig ganz kurz geschoren.

Brettersessel

Blau-roter Stuhl von Gerrit Rietveld aus dem Jahr 1918. Wurde wegen seiner rücksichtslosen Härte vom Verband der Orthopäden als „Gewinnbringendster Stuhl der Kunstgeschichte“ ausgezeichnet.

Briefmarken

Kunstsammlung des kleinen Mannes.

Broncho

Name des besten Freundes alternder Künstlerinnen, die bronchitisgeplagt in farbdampfgeschwängerten, zugigen Ateliers (siehe dort!) vor sich hin husten.

Bureau plat

Diplomatenschreibtisch aus dem 17. Jahrhundert. Besteht aus einer großen Platte mit nur wenigen Schubladen darunter. Auf diese Weise blieben die Beine des Diplomaten Bittstellern frei zugänglich für Fußküsse.

C

Caledonian Market

Schnäppchentreff im Süden Londons. Schotten karren hier auf alt getrimmte Karoröcke an, die sie reichen Arabern als Perserteppiche verkaufen.

Chichi-Teppiche

Exklusive Handknüpfteppiche. C. werden aus Goldfäden, Nylon-Strümpfen, reiner tibetischer Yak-Wolle und Waschlappen geknüpft. Sie sind besonders beliebt in Designerhaushalten. Nicht zu verwechseln mit den kaukasischen Chichi-Teppichen, die aus Wolle oder Baumwolle mit s-förmigen oder kammartigen Grundmustern vom Stamm der Tachisten hergestellt werden.

Chinoiserie

Nachahmung chinesischer Motive in der Kunst des europäischen Rokoko, das sich die Chinesen als Vorbilder für eine heitere und graziöse Lebensart auserkoren hatte. So gab es seit dem 17. Jahrhundert Schränke, Tapeten, Lampen, später auch Porzellan mit China-Motiven. Selbst die popeligsten Landadeligen hatten ein chinesisches Zimmer, und wer was auf sich hielt, trug eine chinesische Landschaftstätowierung auf der Brust. Gegen Ende des 18. Jahrhunderts verschwanden die C. so plötzlich, wie sie gekommen waren. Erst im 20. Jahrhundert tauchten sie wieder auf, und zwar in den chinesischen Restaurants, die ihre entsprechende Einrichtung via Rotterdam beziehen (im Fachchinesisch „Chop-suey-Stil“ genannt). Eine Renaissance erlebten die C. auch in Gestalt des Mao-Looks, der freilich, wie schon die C. des Rokoko, nur einer feinen radikalen Minderheit vorbehalten blieb.

Chippendale

Englischer Möbelstil aus dem 18. Jahrhundert, der von dem Londoner Kunsttischler Thomas Chippendale (1709 bis 1779) erfunden wurde. C. schaffte das, indem er das englische Barock, das französische Rokoko, die Gotik, chinesische Motive und seinen Eigensinn

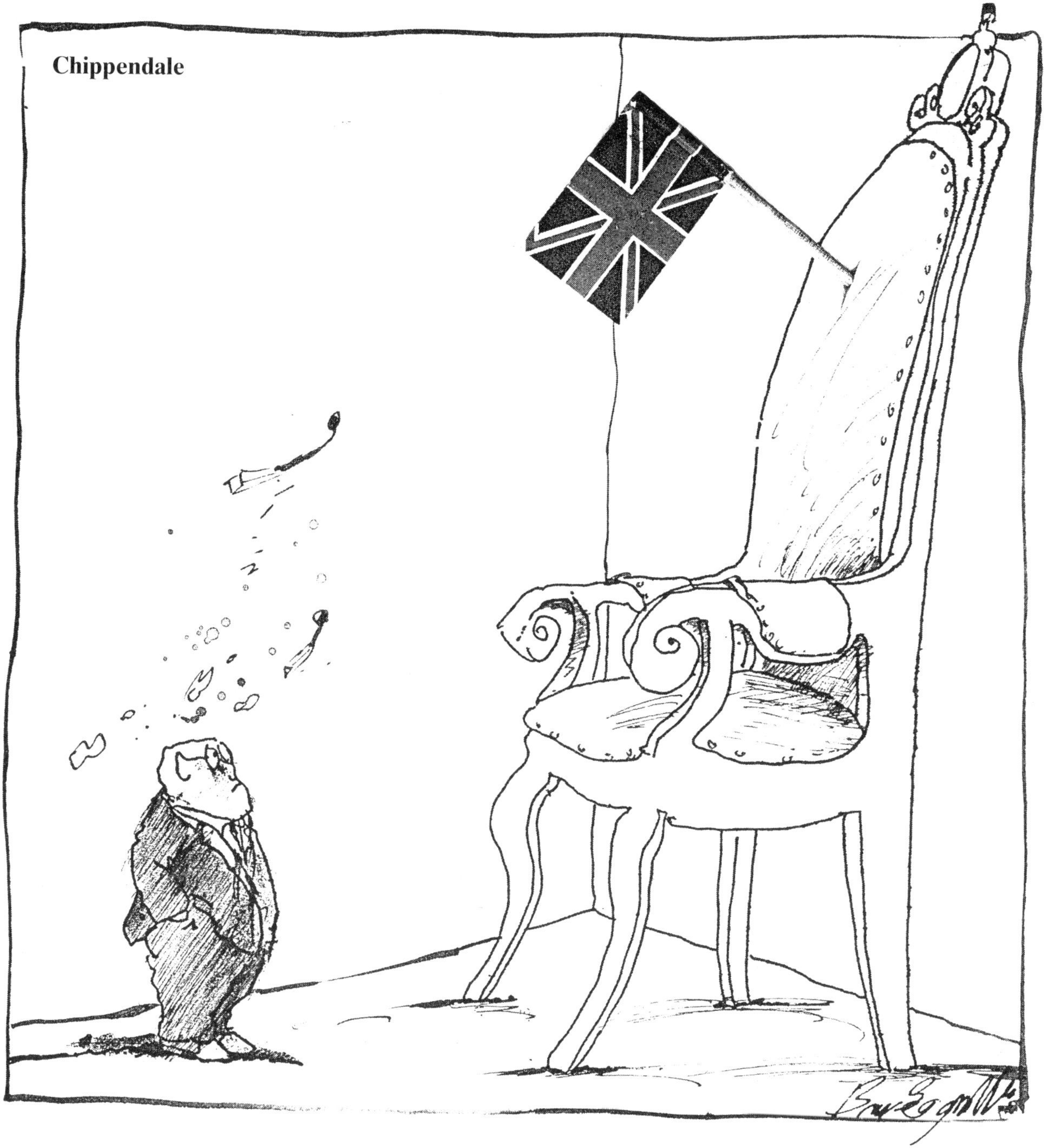
Chippendale

zusammenrührte. Kunstkritiker bemäkeln an den Chippendale-Möbeln, die aus Mahagoni gefertigt sind, eine gewisse Neigung zu Süßlichkeit und Schnörkelei. Doch muß man den Nachfahren des berühmten Thomas zugute halten, daß sie diesen Mangel wieder ausgeglichen haben. So erfand Arthur C. im 19. Jahrhundert den Kartoffelchip, aus dem sich Englands einziges Nationalgericht „fish and chips" herleitet. Seine Schwester Martha C. erfand den „blue chip", eine Art von Aktien, die angeblich nie richtig an Wert verlieren, wenn sie nicht gerade im Keller sind. Und Henry C. entdeckte im 20. Jahrhundert die chips, völlig schnörkellose Plättchen, mit denen Computer ernährt werden. Die Epoche zwischen 1970 und dem Jahr 2000 wird deswegen auch das Zweite Chippendale genannt.

Christo

Sohn eines bulgarischen Entfesselungskünstlers und prominentester Vertreter der Verpackungskunst. Stellte fest, daß „die Verpackung in ihrem Einfluß auf den Käufer ebenso wichtig ist wie das Produkt selbst." C. hat sich darauf spezialisiert, große Werke zu schaffen. So verschnürte er 1969 eine Meeresbucht bei Sydney, ein Jahr zuvor hatte er 5450 Kubikmeter Luft eingepackt. Die assoziationsreiche Luftwurst war 70 Meter lang und hatte einen Durchmesser von neun Metern. Am Einspruch der rückständigen Chinesen scheiterte sein Wunsch, ganz China in ameisenblaue Bläschenfolie zu verpacken. Der einzige Nachteil von Christos Werken ist, daß man sie nicht aufs Sideboard stellen kann.

Claquetoire

Im spanischen Stil gestalteter Klatschstuhl fürs Damenzimmer aus dem 16. Jahrhundert. Er war so konstruiert, daß die damals modernen Eisenreifröcke auch bei stundenlangem Sitzen und Tratschen keine Druckstellen erzeugten.

Comforter

Englische Tonhündchen aus dem 19. Jahrhundert, die auf engen Kaminsimsen Weihnachtskarten, Vitaminpillen und Kerzenleuchter bewachen. Gegenüber ordinären Hunden haben die C. den Vorzug, daß sie total stimmlos sind.

Christo

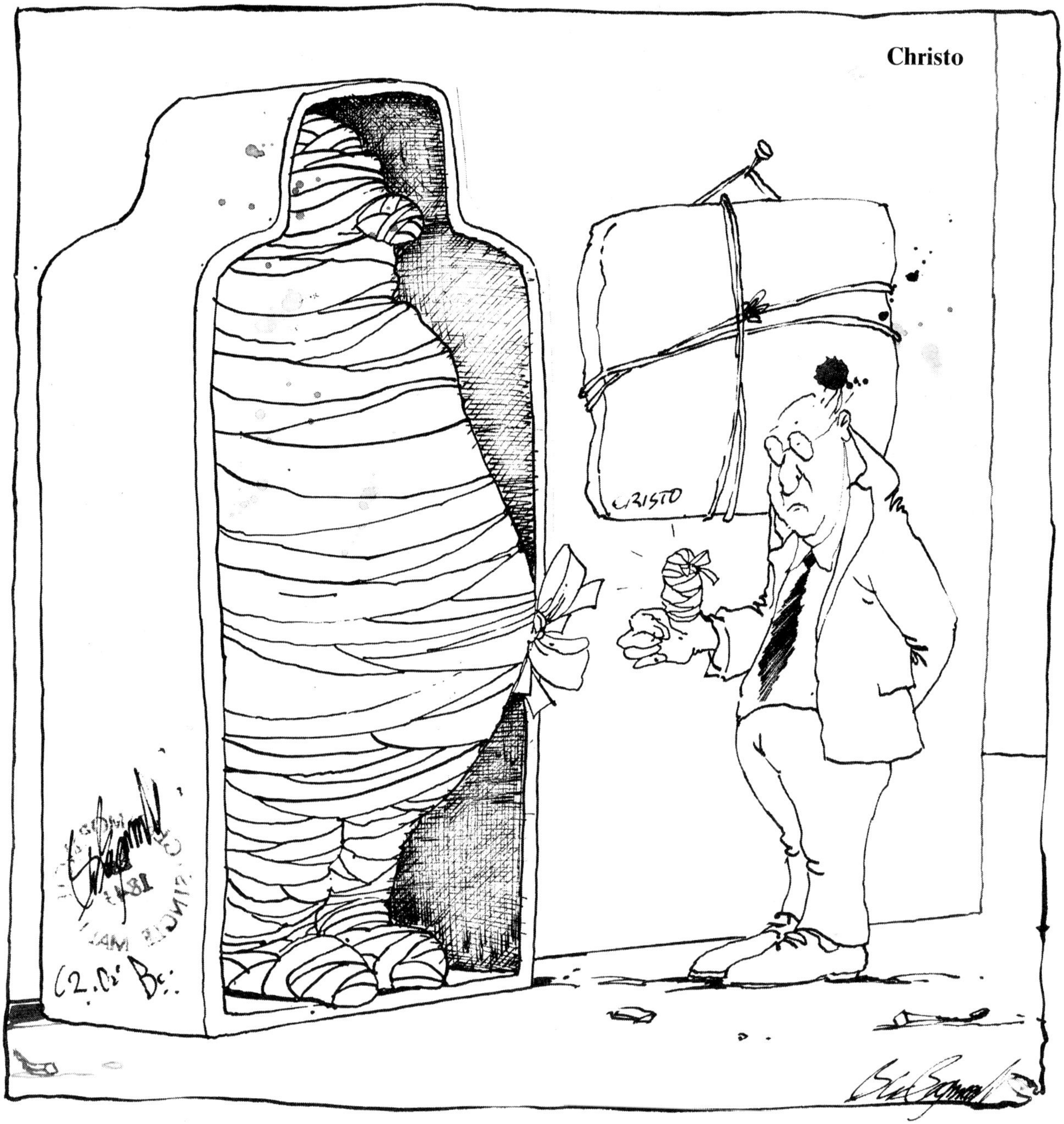

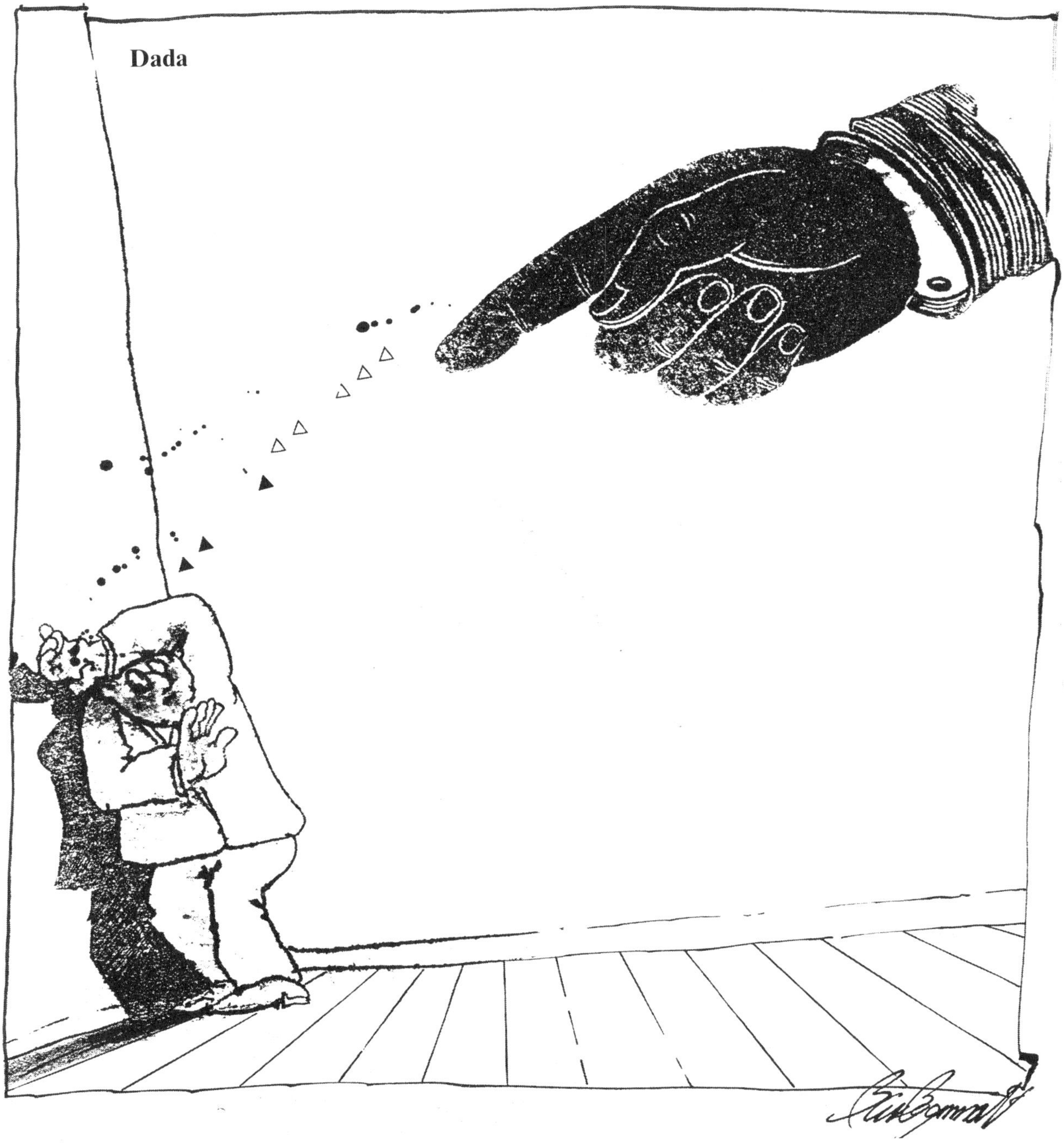
Dada

Confident Französischer Doppelsessel des 19. Jahrhunderts mit unterschiedlichen Blickrichtungen. Der Salon-Ausguck half Monsieur, seine Tochter mit Verlobtem am Klavier zu beobachten, während Madame, in entgegengesetzte Richtung schauend, feststellen mußte, daß die Dienstboten in den Champagner spuckten.

Craqueluren Risse, die im Lauf der Jahrhunderte auf der Oberfläche von Gemälden entstehen. Können unter Umständen durch Bestrahlung mit Infrarot abgemildert werden. Neuerdings sprechen auch Kosmetikerinnen in Schönheitssalons von C., wenn sie schonend auf Alterserscheinungen aufmerksam machen wollen. In den USA wurde sogar eine Creme mit dem Namen „Sir Craque" auf den Markt gebracht, die dem gereiften Menschen neues Selbstbewußtsein geben soll.

D

Dada Scheuerpulver aus den 20er Jahren.

Dalí, Salvador Spanischer Surrealist, der die gesamte Kunstgeschichte, mit Eiern und Uhren garniert, zu einer köstlichen Paella verarbeitete. Bekannt wurde er durch seinen Zwirbelbart, den er mit Stierfett einschmierte.

Degas, Edgar Französischer Serienmaler des 19. Jahrhunderts. D. war als Baby zu viel geschaukelt worden und malte deshalb permanent reitende Jokkeys und hüpfende Tänzerinnen.

Documenta Ausstellung all der Sachen, welche die Millionen von Besuchern gut und billig hätten selber machen können.

E

Eat-Art

Eine in den 60ern vom Schweizer Nouveau Réaliste und Kochkünstler Daniel Spoerri abgewickelte Schnurre. Eine Zeitlang zum Beispiel verarbeitete er alles, was bei McDonalds mit einem Ruck vom Tablett in den Abfallkasten wandert oder in griechischen Restaurants beim Abräumen pietätlos in der Einwegtischdecke zusammengeschüttelt wird, um daraus „Tafelbilder" zu machen. Überall, wo jemand gerade gegessen hatte, trat Spoerri in Aktion: nach dem Motto „so belassen, wie verlassen" wurden Gabeln, Teller, Streichhölzer, Taschentücher, Knödelreste, Zigarettenkippen usw. fein säuberlich auf die Tischplatte geklebt. Dann wurden die Tischbeine abgesägt, und das Bild kam an die Wand. Der berühmte Literaturkritiker Pech-Peinlitzky brachte einen großen Teil dieser Tisch-Platten in seiner gefürchteten Sammlung von Zeit-Zeugnissen unter, um sie für seinen trendigen Bestseller „Wie sie schrieben – Was sie aßen" auszuwerten. Daniel Spoerri kombinierte dann in der Düsseldorfer Altstadt eine Eat-Art-Gallery mit einem Spezialitätenrestaurant, wo Zebrahufe in Aspik ebenso auf der Karte erschienen wie Zürcher Geschnetzeltes und surrealistische Löwenschwanzbrühe. Das Zürcher war übrigens ganz vorzüglich dort.

Ebenist

Französisch: ébéniste. Seit Ludwig XIV. Bezeichnung für den Kunsttischler, der in Ebenholz Schnörkel reinschnitzt.

Eisernes-Kreuz-Service

Service mit Kreuz- und Kranzdekor, mit dem der preußische König Friedrich Wilhelm III. verdiente Generäle nach den Befreiungskriegen belohnte. Während Kreuz und Kranz immer gleich blieben, konnten sich die Beschenkten selbst aussuchen, von welchen Wappen und Schlachtenbildern sie in Zukunft essen wollten. Bevorzugte Gerichte der Generäle waren delikate Rippchen à la Moltke, Hummer mit Waterloo-Sauce und Kanonenkugeln aus Nougatschrot.

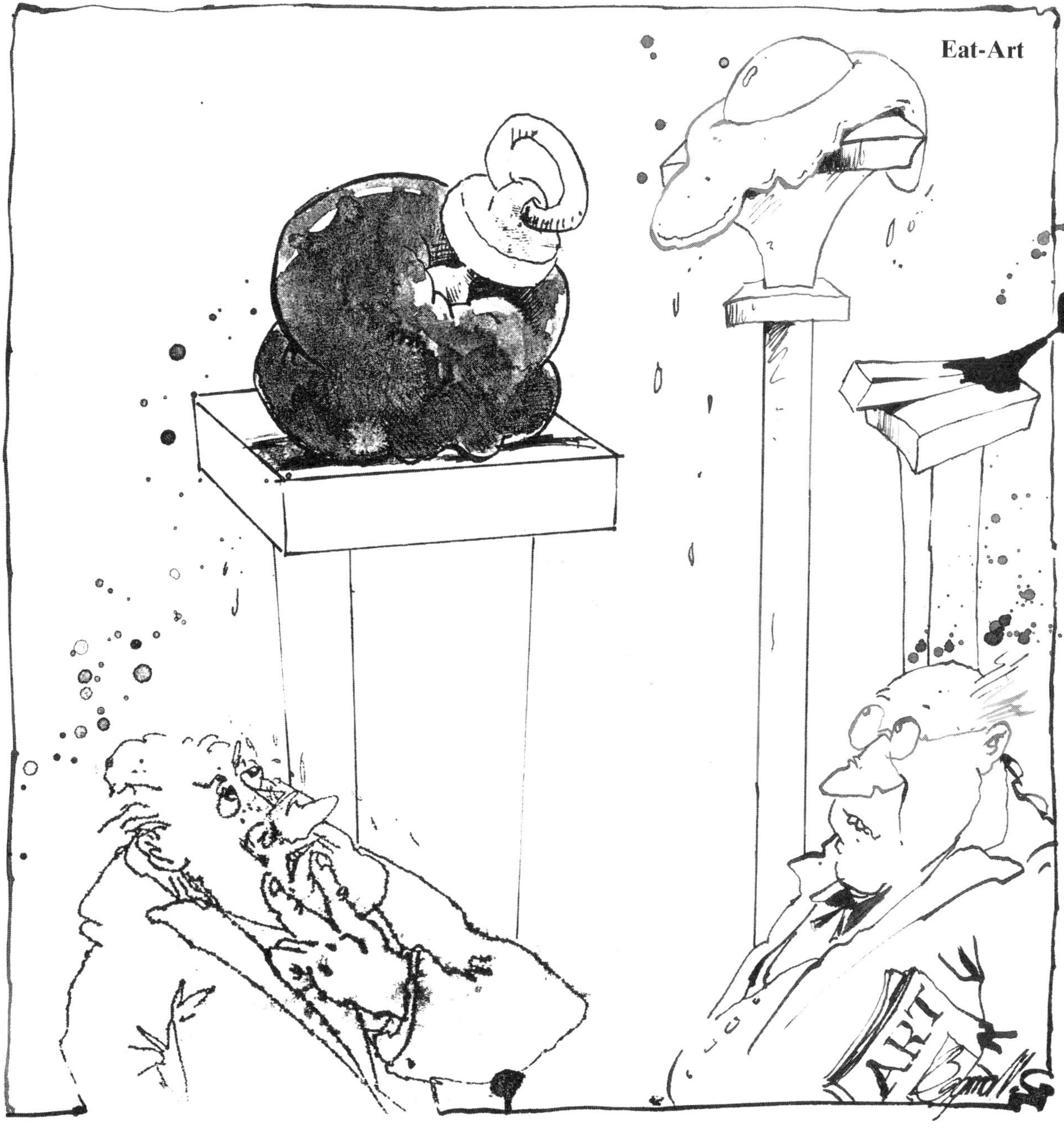

Eat-Art

Fabergé-Eier

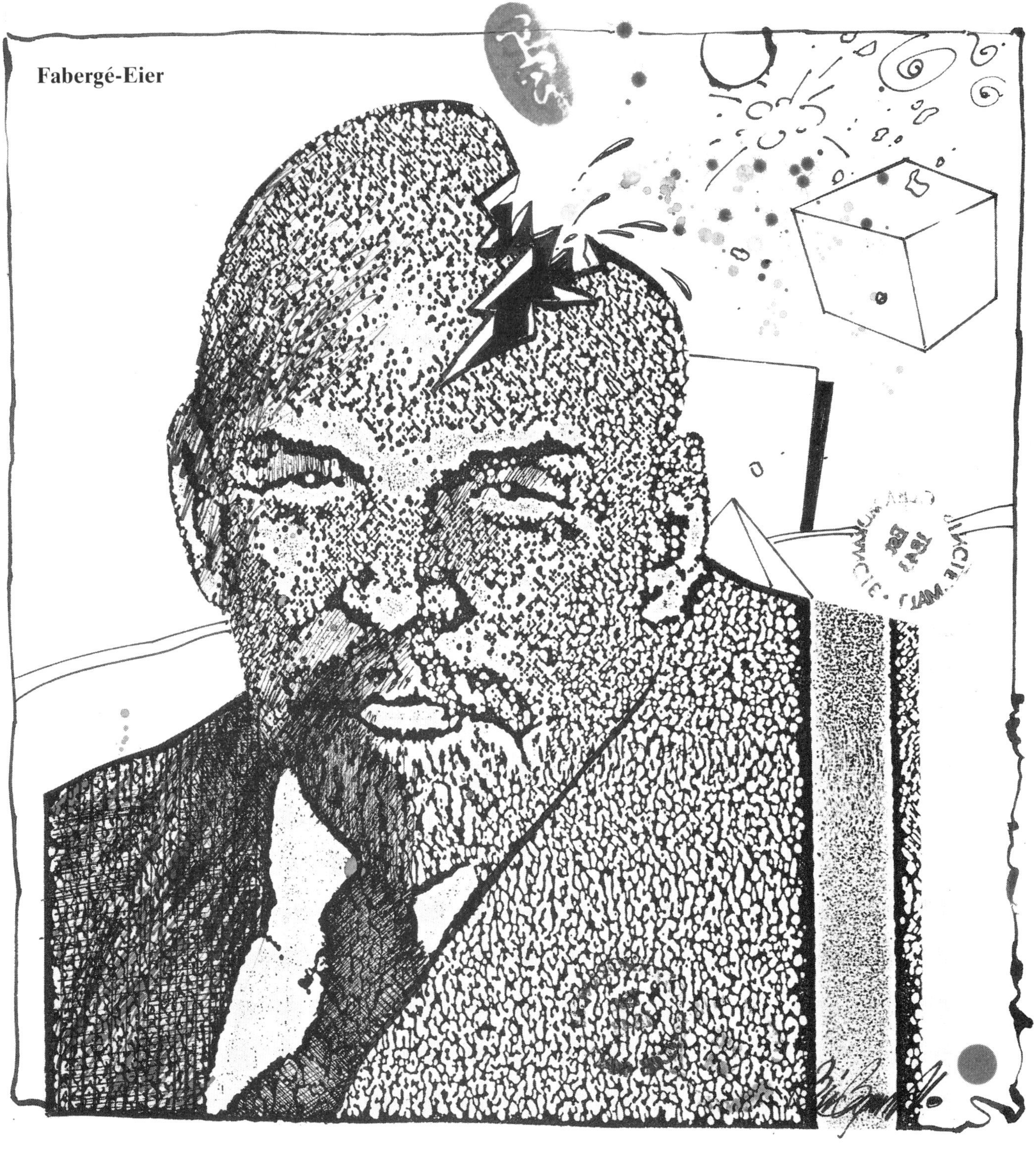

Empire State Building Thema eines Films, den der amerikanische Popkünstler Andy Warhol gedreht hat. Der Film zeigt das wirklich sehenswerte Gebäude 24 Stunden lang unverändert in derselben Einstellung.

Erfolg Suchwort mit sechs Buchstaben für Maler, Bildhauer, Filmer etc. ...

Expertise Gutachten, in dem behauptet wird, daß ein Kunstwerk echt sei. Da Expertisen ihrerseits auch gefälscht werden, empfiehlt es sich, für die Expertisen nochmals Expertisen anfertigen zu lassen. Dieser Prozeß könnte ins Unendliche gehen, gäbe es nicht immer wieder Banausen, die ein Kunstwerk einfach kaufen, weil sie es schön finden.

Expressionismus Kunstrichtung, die entstand, als man endgültig die Realität satt hatte. Dieses existentielle Unbehagen hatten schon die Impressionisten (siehe dort!) verspürt und deshalb die Realität in lauter Farbtupfer aufgelöst. Die Expressionisten nun waren sowohl die Realität wie auch die kindischen Tupfer leid und beschlossen deshalb, Pferde blau und Besoffene rot zu malen, was sie als Kreation ihres inneren Auges verkauften. Wichtig war der E. vor allem, weil er der letzte große Ismus der Kunstgeschichte war und mit seinem Hang zu philosophischer Grübelei unzählige Doktoranden mit Themen versorgte.

F

Fabergé-Eier Üppig verzierte Schmuck-Ostereier des französischen Goldschmieds Fabergé, die er den Zaren ins Nest legte. Die F. waren so teuer, daß sie zur Verarmung der Russen führten. Lenin brütete deshalb später auf ihnen die russische Revolution aus.

Farbstellung Liebesakt eines expressionistischen Künstlerpaars.

Friedrich, Caspar David Romantischer Maler, der schon als junges Kind ein Teleobjektiv geschenkt bekommen hatte.

Frittenporzellan Erstes eßbares Porzellan aus aneinandergeklebten Pommes frites, 1760 in Frankreich erfunden.

Fuchs, Ernst Österreicher aus Profession. Schwankte lange Zeit zwischen den Wünschen, Priester oder Gynäkologe zu werden. F. verband schließlich beide Neigungen in seiner Malerei, was für ihn mindestens so einträglich geworden ist wie die Einkünfte aus beiden Berufen zusammen.

Furnier Vor Einführung der Resopalplatte war das F. die gebräuchliche Verkleidung einfacher Hölzer durch dünne Deckblätter aus wertvollem Holz. Im Zeichen des neudeutschen Kiefermeier (siehe auch Biedermeier!) scheinen nun sowohl das F. wie auch das Resopal der Vergangenheit anzugehören. Exzentrische Zeitgeist-Fanatiker nämlich reißen sogar den allerkostbarsten Schränken die Furniere ab, um sie nach dem Motto „billig, aber ehrlich" als Ablaugmöbel herzurichten.

G

Galerieton Schön waren die Zeiten, als der G. einfach der bräunliche dunkle Ton alter Ölbilder war, entstanden aus der Oxydation des Öls. Ungleich komplizierter ist der gute G. heute, zum Beispiel bei einer Vernissage (siehe dort!), wo es um folgende Probleme geht: Wen kenne ich, wem nicke ich zu, bei wem warte ich ab? Wer bekommt Küßchen links, rechts, links, wer wird einfach fest gedrückt, wer wird frontal, wer

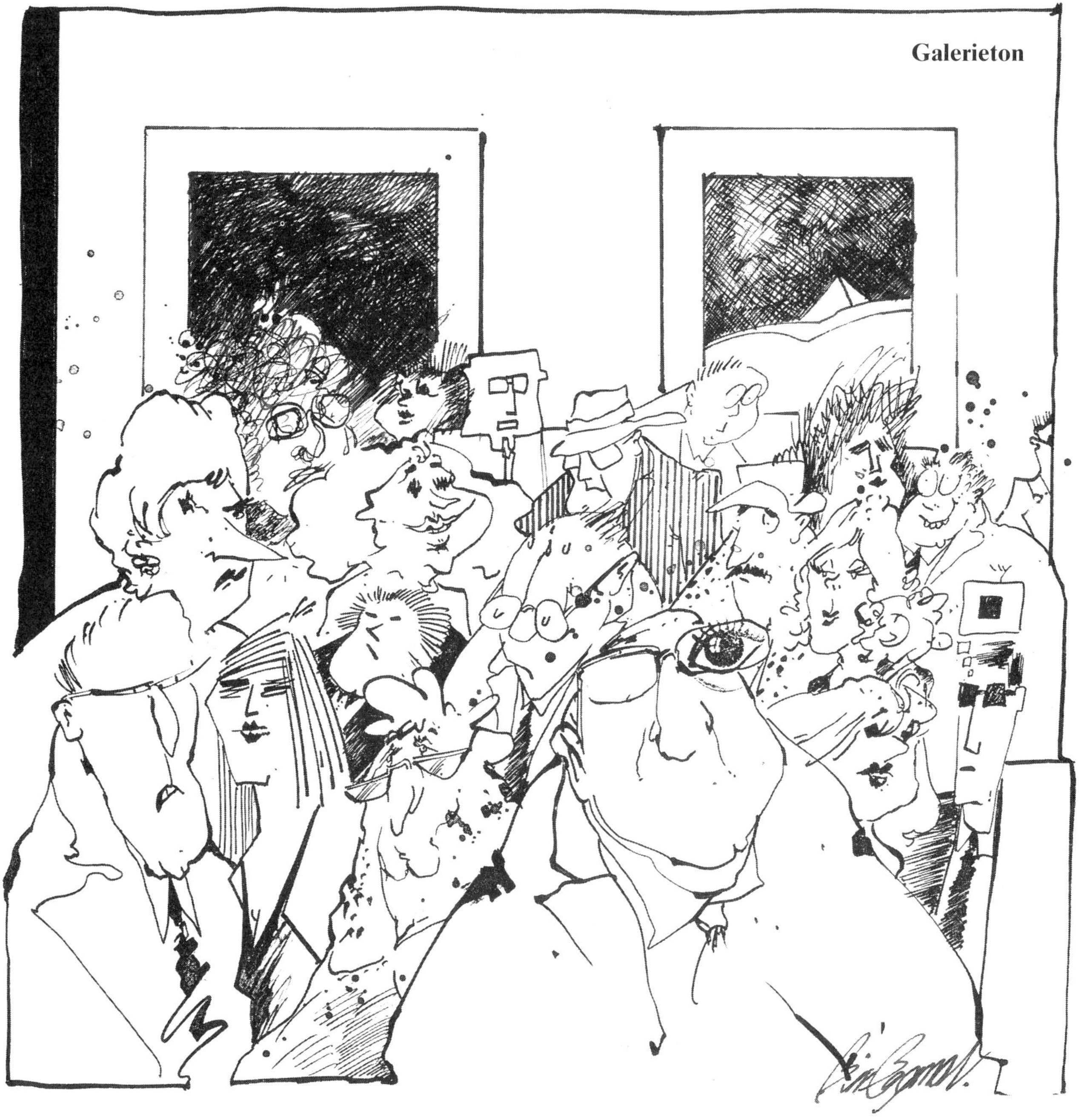
Galerieton

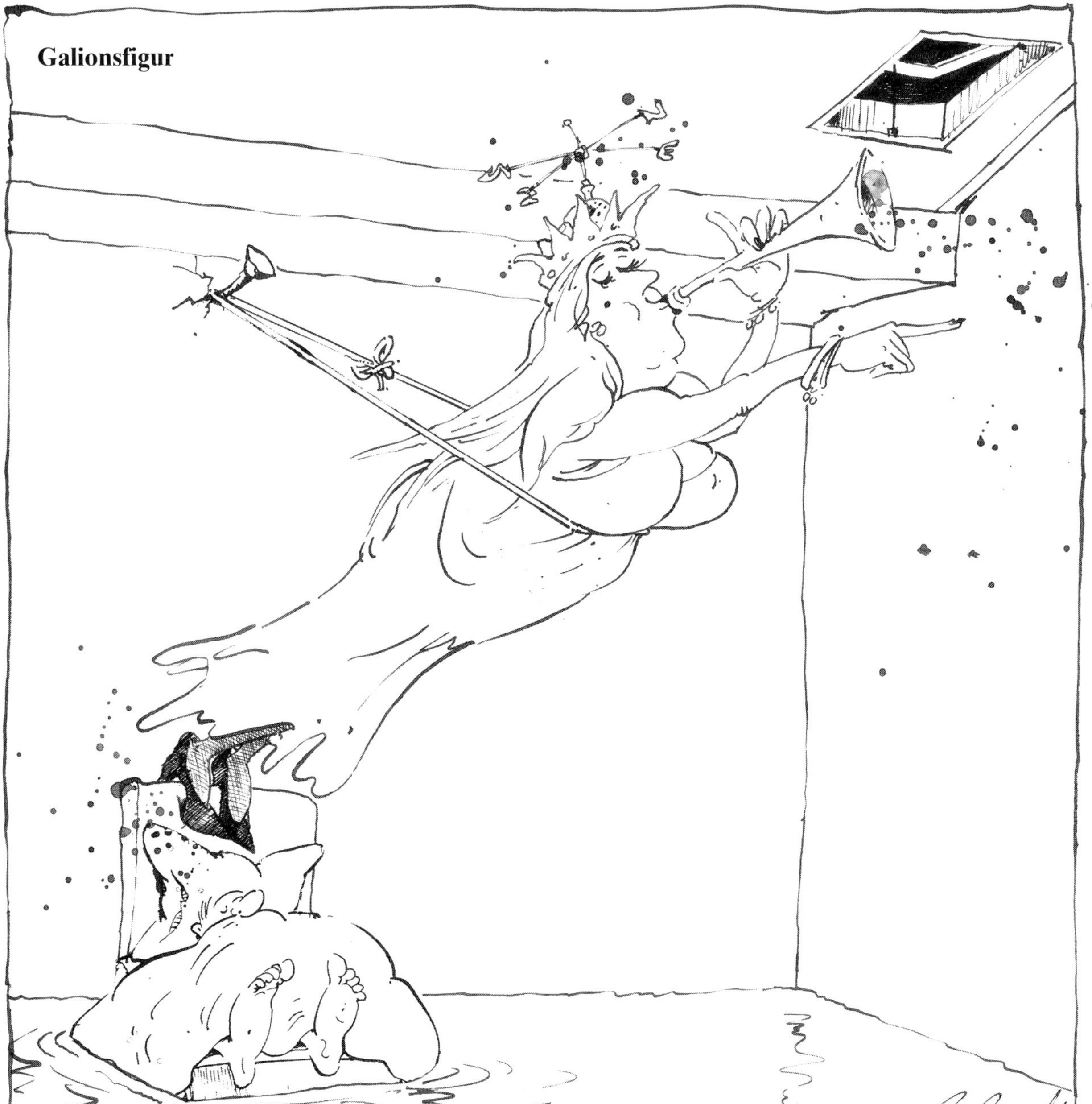
Galionsfigur

wird seitlich umarmt, und wem tritt man dabei ans Schienbein? Wenn die Vernissage voll im Gange ist, wird Bilanz gezogen: Wer hat wen nicht gegrüßt, wen muß ich so eindringlich übersehen, daß er das auf jeden Fall merkt, auf wen muß ich noch mit ungeheuerer Herzlichkeit zustürzen, um ihm zu sagen, daß diese Ausstellung wirklich „unheimlich schön" sei?

Galionsfigur

Wurde von Schiffseignern und Kapitänen bei Bildhauern bestellt, um auf See immer ein Andenken an die liebe Daheimgebliebene zu haben. Zugleich erinnerte die G. den Seemann an das, was ihn zu Hause erwartete. Daraus entstand die Sitte, die Dame mit faulen Fischen zu bewerfen, was daheim weniger gern gesehen war. In sozialkritischen Theorien wird die G. zwiespältig beurteilt. So erblicken die einen in ihr die Verdinglichung der Frau zum wehrlosen Aggressionsobjekt. Vorkämpfer einer besseren Welt indessen erinnern daran, daß sich mit der G. die künftige Führerschaft der Frau ankündige.

Gaudi, Antonio

Spanischer Architekt (1852–1926), dessen Name viel Spaß verspricht. G. schmiß Elemente der katalanischen Gotik und des spanischen Barock in einen Topf und rührte daraus einen katalanischen Jugendstil zusammen. Dieser neue Stil fand seinen furchtbarsten Höhepunkt in Gaudis Hauptwerk, der Kirche Sagrada Familia in Barcelona. Länger als ein Ave-Maria dauert, sollte man diese heilige Familie nicht auf sich wirken lassen, sonst braucht man zum Kontrast dringend eine Sitzkur in Gerrit Rietvelds Brettersessel (siehe dort!).

Gauguin, Paul

Erster aktenkundiger Sextourist.

Gekauft wie gesehen

Geschäftsprinzip bei Auktionshäusern und Gebrauchtwagenhändlern.

Gemme

Geschnittener Stein mit eingraviertem Bild, zum Beispiel von Kaiser Augustus, bis in die jüngste Zeit besonders beliebt bei höheren Töch-

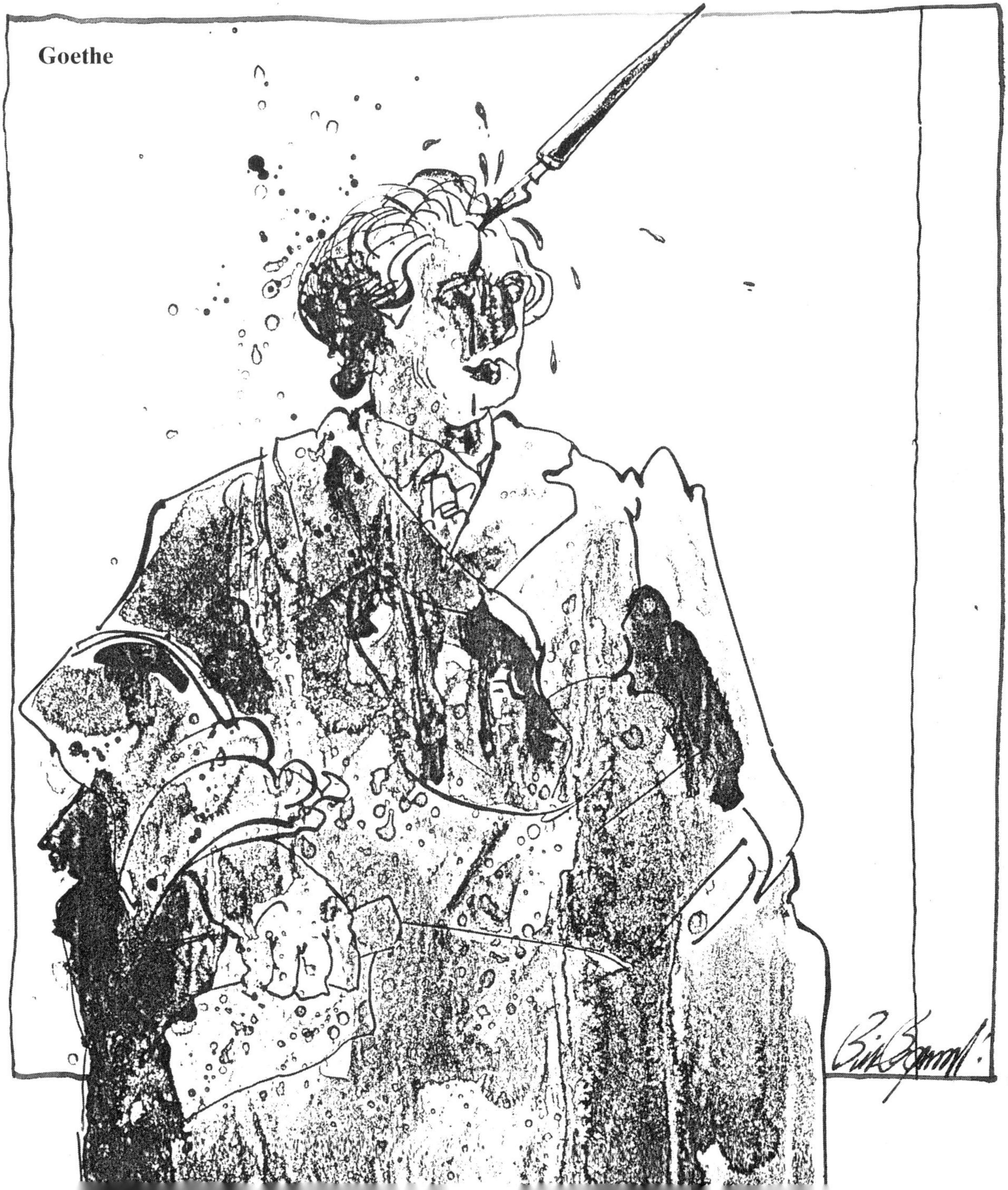

Goethe

tern. Die G. wurde in den 60er Jahren durch den Button verdrängt, der anstelle von Adelsgrößen Popstars oder ein Bekenntnis zu einer gesellschaftlichen Randgruppe zeigt.

Gesichtsurne Gefäß mit plastischer Gesichtsdarstellung. Verbreitet war die G. in Troja um 2000 v. Chr., und auch aus der Eisenzeit in Mittelitalien und Ostdeutschland sind Funde bekannt. Heute nur noch gebräuchlich als gehässiger Ausdruck, mit dem Mediziner mißlungene Liftings ihrer Kollegen bezeichnen.

Gestell Poppige Wendung, die der Philosoph Martin Heidegger zur Charakterisierung der modernen Technik verwandte. Heidegger erfand den Begriff zur Bezeichnung eines Schemels, mit dem er jeden Morgen in Todtnauberg einen Brunnen vor seinem Hause erstieg. Dort schöpfte der Philosoph mit der Zipfelmütze aus einer sprudelnden Schwarzwaldquelle das reine Sein. Heideggers G. gab eine wichtige Anregung für das Schaffen des späten Beuys.

Gestricktes Glas Resultat einer bereits im Altertum bekannten komplizierten Technik der Glasherstellung. Es wurde in der ersten Hälfte des 16. Jahrhunderts von Venezianern weiterentwickelt, die in farbloses Glas dünne Milchglasfäden einschmolzen. Ein Jahrhundert später geriet die filigrane Kunst in Vergessenheit. Im Zeitalter der Gentechnologie soll nun der Verlust durch die Züchtung einer Glasfiber-Heidschnucke wieder ausgeglichen werden.

Giraffenflügel Sonderzüchtung aus dem Jahr 1820, bemalt in Schwarz und Gold. Tonumfang sechs Oktaven. Bringt deshalb extrem hohe Töne hervor.

Goethe Kunstmaler, der wegen erwiesener Mittelmäßigkeit Dichter werden mußte.

Goldener Schnitt Gewinnspanne des Galeristen.

Graffiti

Ursprünglich von Kindern geschaffene Kunstform, mit der die Laubsägearbeit verdrängt wurde. Die Graffitis wurden vor 15 Jahren noch als Wandschmiererei diffamiert und in Kneipenklos und U-Bahn-Schächte verbannt. Erst als verzweifelt um ein Thema ringende Studenten der Kunstwissenschaft die Graffitis entdeckten und in ihren Doktorarbeiten vermarkteten, wanderten die Schmierwerke in Museen und Galerien. Egal aber, ob ihre Werke mit der Sprühdose geschaffen oder handgekritzelt sind: Nichts fürchten die professionellen Graffiti-Macher mehr, als daß irgendein Anarcho während einer One-man-presentation ihre Kunstwerke vollschmiert.

Gründerzeit

Epoche nach dem längst fälligen Sieg über die Franzosen im Jahr 1871, als neben Fabriken und der Psychoanalyse auch eine neue Wohnkultur gegründet wurde. Weil nach Hellenismus, Gotik und Biedermeier keine richtige neue Epoche mehr in Sicht war, klaubte man sich einfach überall was raus und klatschte es wahllos auf die Fassaden der neuen Mietskasernen. Heute erfreuen sich die Häuser jener Epoche besonders bei jungen Akademikerpaaren mit bestem Geschmack wieder allergrößter Beliebtheit, und Stuck ist zum magischen Anreiz einer ganzen Turnschuhgeneration geworden. Diese Vorliebe verschwindet erst wieder, wenn Kinder gekommen sind und die jungen Familien mit einem Reihenhaus im Grünen endgültig ihr Glück begründen.

H

Hamburger Schapp

Nationalgericht der Hansestädter aus Sandmöhren, einer Finkenwerder Streifenscholle und geröstetem Birnenbrei. Übergießt man das ganze noch mit Eierrahm, so sind die Grenzen zur katholischen Völlerei bereits überschritten. Für passionierte Schappesser wurde Ende

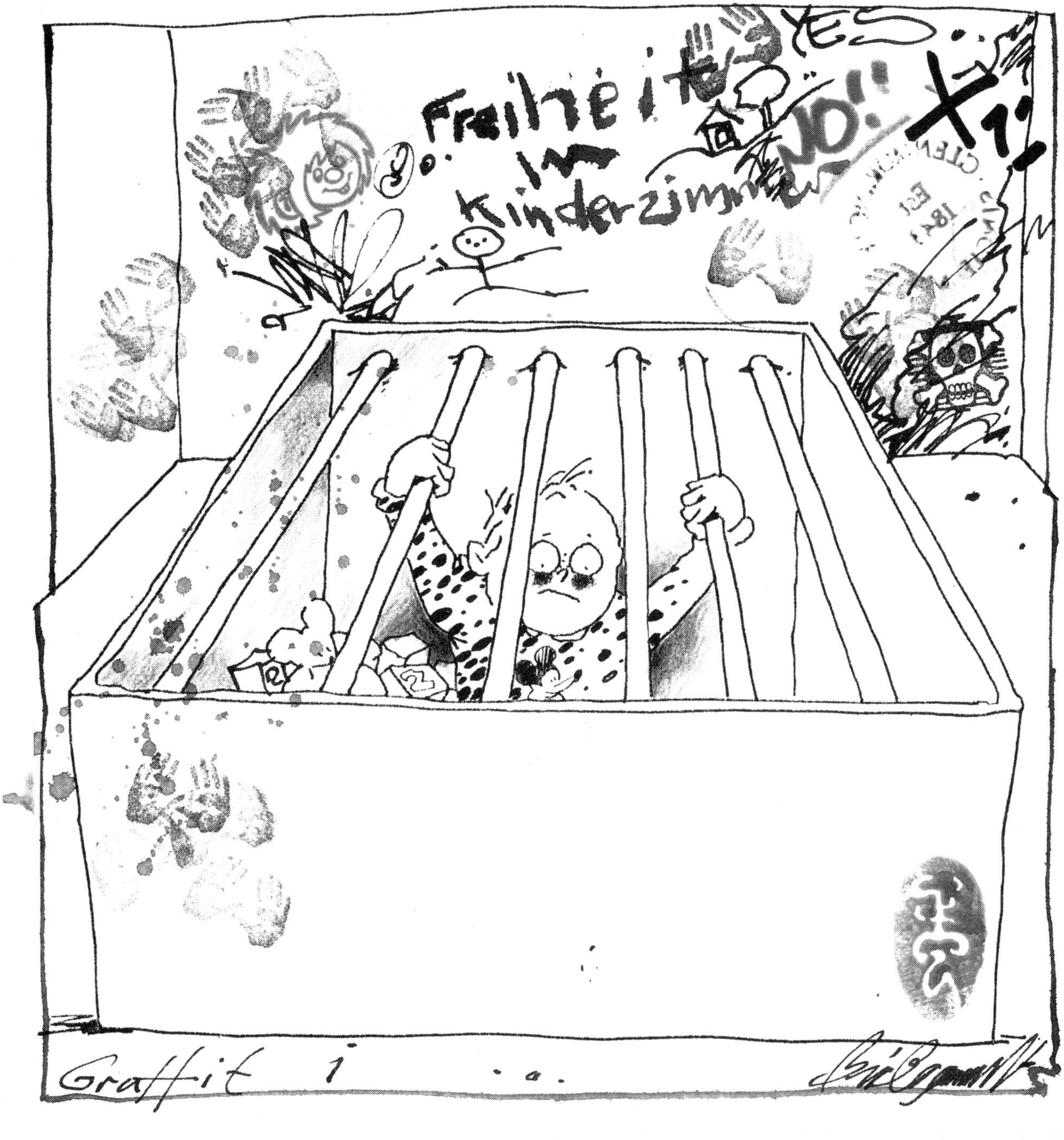
YES
Freiheit
im
Kinderzimm
NO!!
Graffit i . a .

des 17. Jahrhunderts eigens ein hölzerner Ruheraum entwickelt, der nach dem eigenwilligen Gericht benannt ist. Üppige Kugelfüße an den Schränken, rechteckig oder spitzoval verzierte Türfelder und ein reich profiliertes Abschlußgesims machten die Einnahme des Schapps zu einem Kulturerlebnis ersten Rangs. Das Hundefutter ähnlichen Namens hat mit all dem übrigens nichts zu tun.

Hasentypus

Von Beuys (siehe dort!) erfundener Menschentypus. Beuys schuf für den H., der beständig auf der Flucht vor der Polizei ist, eine feingliedrige Rückenstütze, auf der sich der Gehetzte ausruhen kann. Die Rückenstütze ähnelt allerdings auch in verblüffender Weise den Lederschürzen der Düsseldorfer Altstadtwirte, von denen sich Beuys sehr gern hat bedienen lassen.

Haubenstock

Holzkopf für die Anfertigung und Aufbewahrung von Perücken. Der H. wurde erforderlich, als der französische König Ludwig XIII., frühzeitig ein Blankschädel, das Zweithaar eingeführt hatte. Ludwig XIV. beschäftigte schon 48 Perückenmacher. Diese bestellten Haubenstöcke en masse bei den Bildhauern, die das Objekt weiterentwickelten und bald ebenso anspruchsvolle wie haarlose Portraitbüsten lieferten. Der H. lebt heute besonders als Glaskopf weiter, auf dem das Herrentoupet wie die Damenviertfrisur ihren Platz finden. Überaus prestigesteigernd wirkt er, wenn er, mit Kopfhörern bestückt, neben den HiFi-Turm und den Tabernakelschrank (siehe dort!) plaziert wird.

Heizung

Höchstes Gut für aufstrebende Künstler, die zur Winterszeit in ihrem Atelier (siehe dort!) feststellen mußten, daß Wollhandschuhe und Skianzüge dem künstlerischen Schaffensfluß nicht besonders zuträglich sind. Auch mit der Kreation eines Schneemänner-Zyklus oder eines Heizungs-Triptychons mit verschiedenen Heizungsbildern kann man der Not nicht abhelfen. Besser helfen da schon ewiger Rum und ewiger Ruhm.

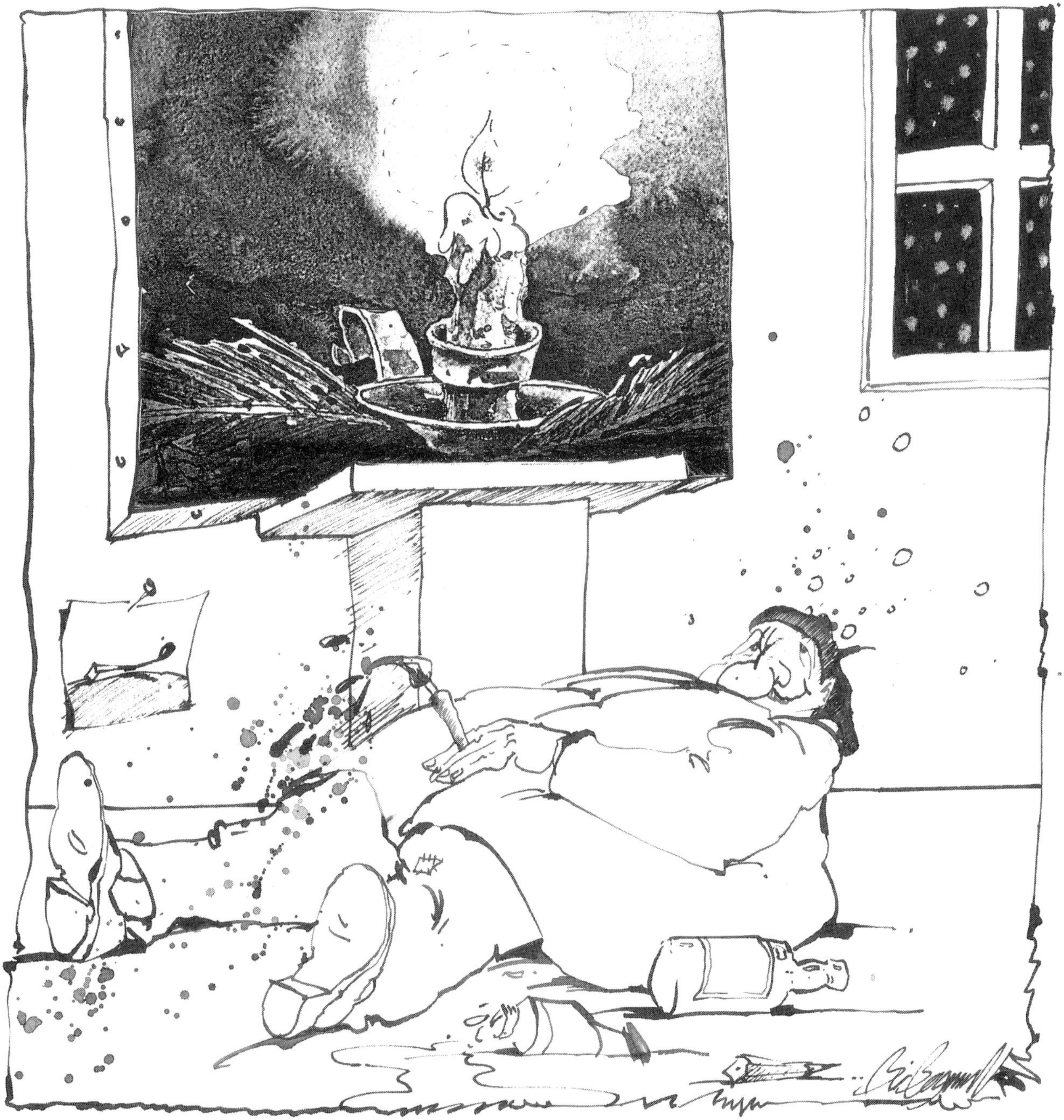

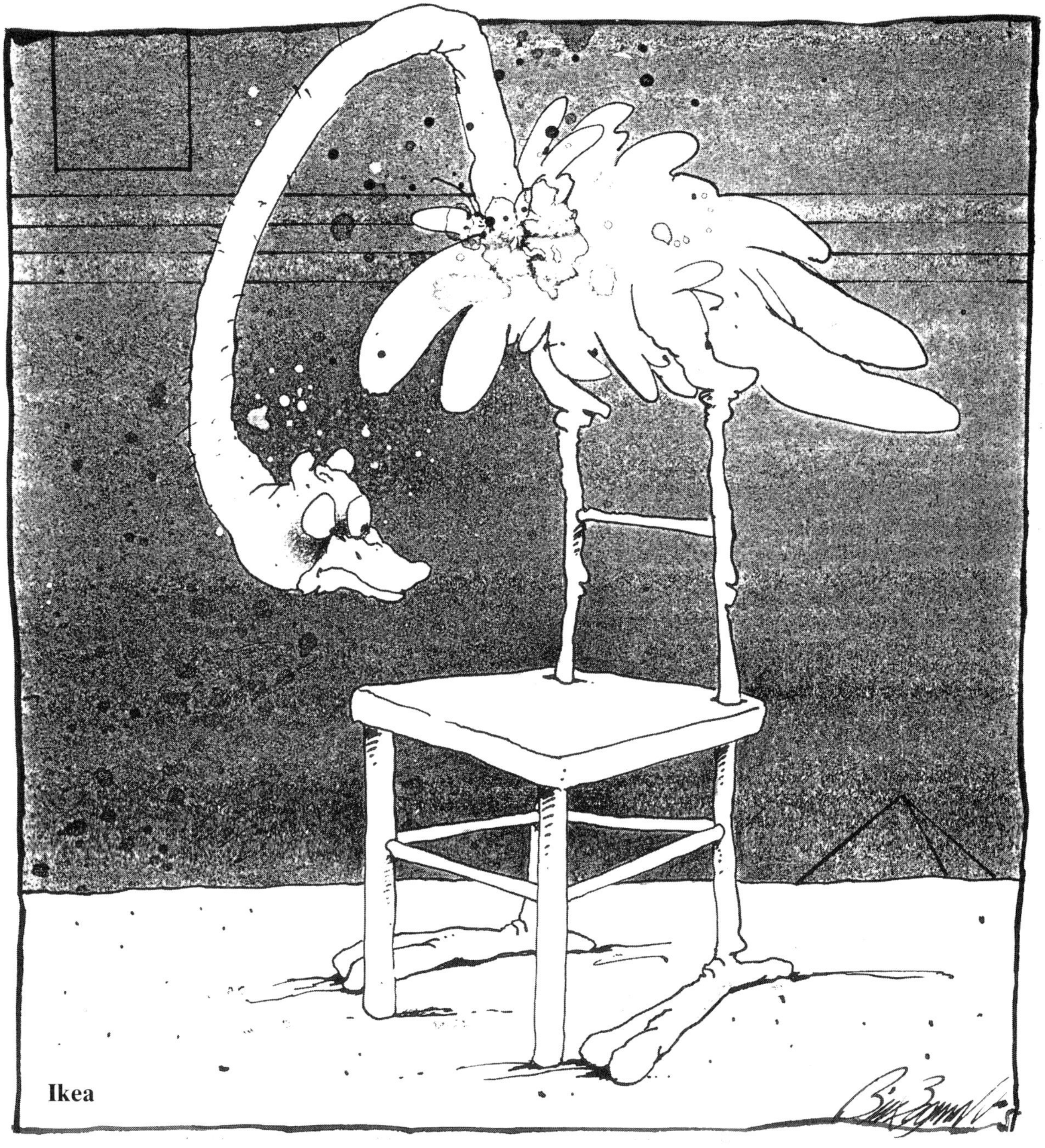

Ikea

Hinterglasbilder

Seit der späthellenistischen Zeit bekannte Bilder, die auf die Rückseite von Glastafeln gemalt wurden. Heute müssen viele Bilder, die etliche 100.000 Mark kosten, in Glas gesetzt werden, weil sie aus ziemlich schäbigen und leicht vergänglichen Materialien gearbeitet wurden. So wäre das „Internationale Yves Klein Blau" (siehe Yves, le monochrome!) ohne Glasschutz nach wenigen Jahren abgefallen. Eines der bedrängendsten Probleme unserer Zeit ist die Konservierung der ranzigen Fettecken von Beuys, die gerade dabei sind, sich total aufzulösen.

Hostienmühle

Spätmittelalterliches Gerät zur Veranstaltung von Wundern, mit dem aus Worten Hostien gemacht wurden. Im heutigen Spätmittelalter wurde die H. durch die Getreidemühle abgelöst, mit der Manfred aus Köln im mittel-niedersächsischen Oberbolken seinen Liebe-, Lehm- und Leinsamen-Workshop bestreitet.

Hundertwasser, Friedensreich

Österreichischer Mehrzweckkünstler. H. betätigt sich nicht nur als blumiger Vielpinsler und dekorativer Bartträger, sondern auch als Architekt, der die herkömmliche Silobauweise durch einen organischen Baustil ablösen möchte. Dieser soll sich laut H. an archaischen Erscheinungen wie der Höhle, der Schlangengrube und dem Misthaufen orientieren. Neuerdings gibt es auch Hundertwasser-Halstücher, mit denen Damen ihre Begeisterung für Friedensreich zur Schau tragen können.

I

Ikea

1. Kunstform, die das Astloch als gestaltendes Element in die Wohnkultur einbrachte.
2. Bevorzugter Mädchenname in jungen Lehrerfamilien.

Impressionisten Maler, die auf ihre Zeitgenossen überhaupt keinen guten Eindruck machten.

Irrenhaus Sammelatelier für aufstrebende Künstler.

K

Kahnweiler, Daniel-Henry Kunsthändler, der zu Beginn des 20. Jahrhunderts die Pariser Kunstszene auf Trab brachte. K. zählte Talente wie Picasso (siehe dort!), Gris, Braque und Dérain zu seinen Freunden, denen er für ein Geringes ihre Bilder abkaufte, damit sie was zu essen hatten und in Ruhe berühmt werden konnten. Die Bilder kamen hinter den Kleiderschrank, wo K. sie, gut eingekoffert, nachreifen ließ. Dann beschloß er, für die Bilder die dazugehörige Kunstrichtung zu erfinden, was ihm mit der Schrift „Der Weg zum Kubismus" auch prima gelang. Etwa seit 1914 gingen die kubistischen Bilder weg wie warme Semmeln. Schließlich konnte jetzt jeder Kaufinteressent bei K. nachlesen, warum die Bilder so schön waren. Von da ist es nur ein konsequenter Schritt zur neuzeitlichen Interpretations-Art, die nur noch feuilletonistisch-wissenschaftliche Interpretation für nie gemalte Bilder produziert.

Kanapee Wie vieles andere wird auch die Erfindung des Kanapees Ludwig XIV. in die Schuhe geschoben. 1663 erschien ein verbreiterter Sessel mit gepolsterten Seiten- und Rückenlehnen zum ersten Mal unter dem neuen Namen. Die Polster wurden im 18. Jahrhundert zunehmend durch Rohrgeflecht ersetzt, was die Möbel nicht gerade bequemer machte. Ähnliches Unbehagen wie die damaligen Kanapeebenutzer befällt heutzutage auch die Festgäste, die sich bei einem 3-Sterne-Buffet an den gleichnamigen Häppchen gütlich tun. Wer wissen will, wie

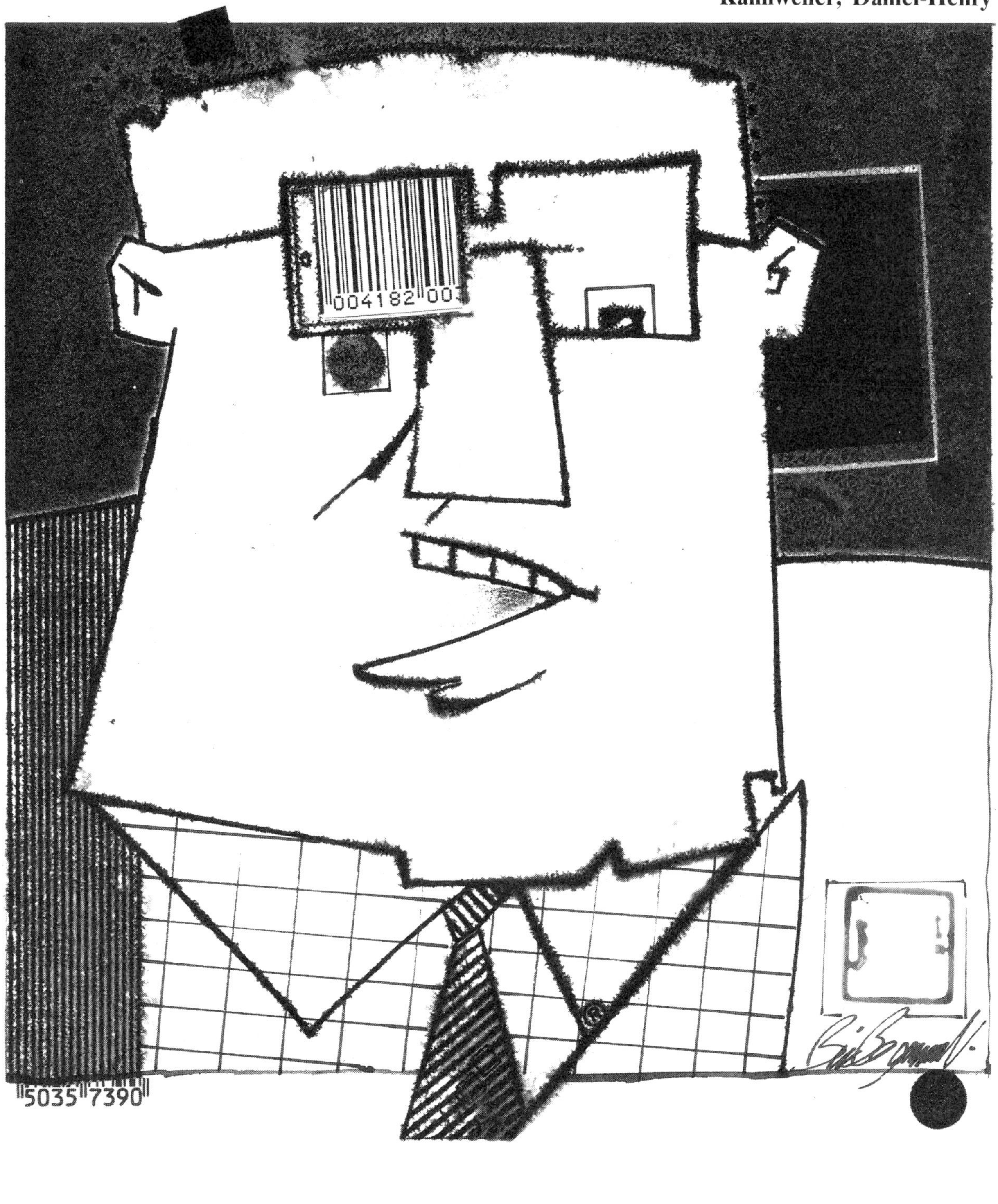
004182 00
5035 7390

Karriere

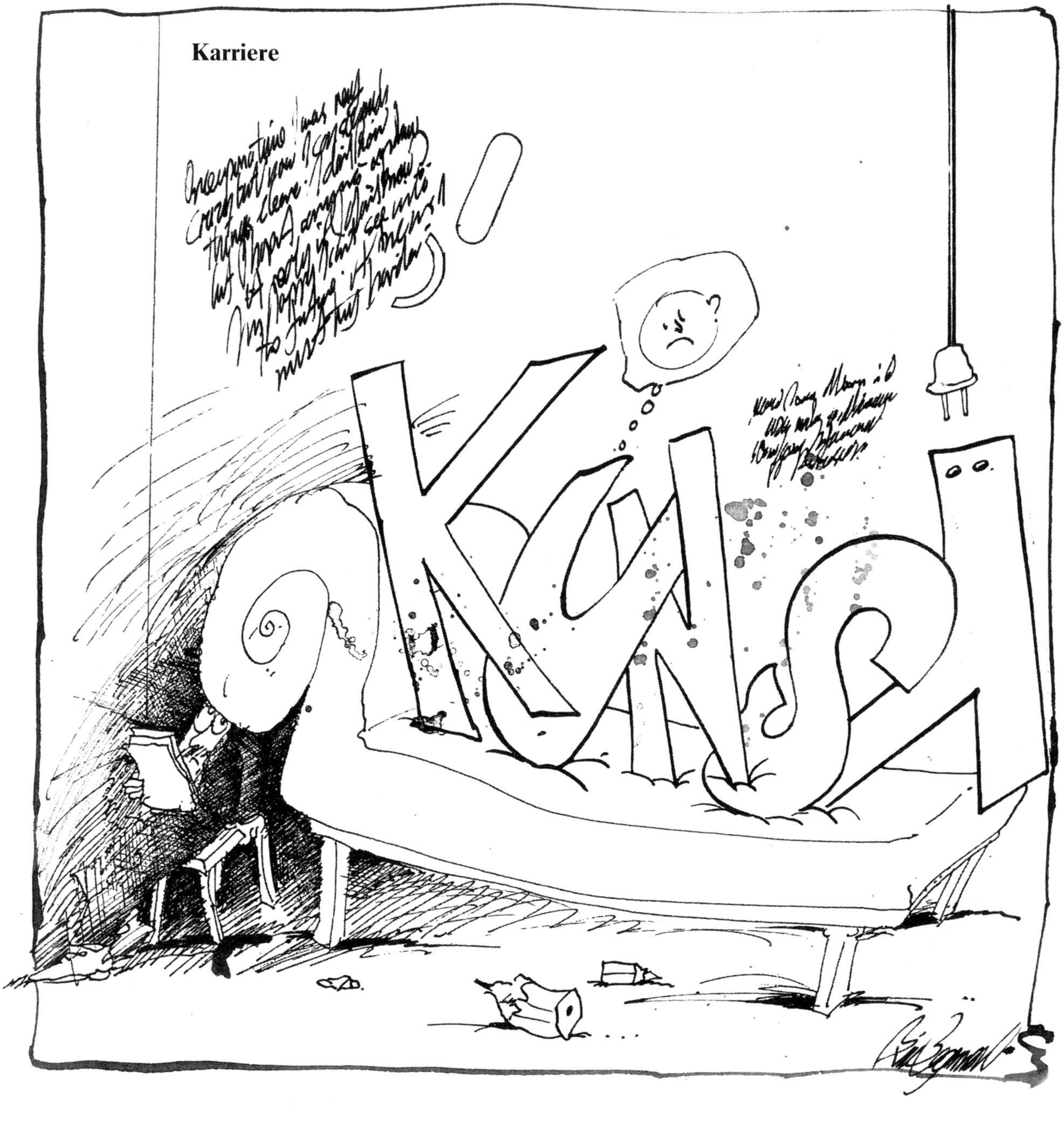

unbequem es auf der Erfindung des Sonnenkönigs zuging, der braucht nur zu beobachten, wie verzweifelt ein Häufchen Sahnepüree mit Preiselbeerlauch den Sturz von den immer zu kleinen, zu harten oder zu weichen Teigunterlagen zu vermeiden sucht.

Kandelaber

Verballhornung aus „Kann der labern" – ein Satz, den sich Teilnehmer von Vernissagen (siehe dort!) zuflüstern, wenn ein Museumsmann das unverständliche Werk eines ausstellenden Künstlers verständlich zu machen sucht.

Kandinsky, Wassily

Russischer Freiheitskämpfer. Befreite die Farbe endgültig vom Joch des Gegenständlichen und begründete damit die Kunstperiode der Neuen Unverständlichkeit (siehe auch Neue Verständlichkeit!).

Kapitälchen

Verziertes Säulenende. Es findet sich vorwiegend an den Säulen, mit denen amerikanische Kapitalisten die Front ihrer Wohnpaläste schmücken.

Karriere

Hauptbeschäftigung von Künstlern im Irrenhaus (siehe dort!), wo sie auch schon mal wochenlang die Leitung übernehmen, ohne daß das jemandem auffiele.

Keuschheitsgürtel

Schon 1395 schuf Francesco Carrara von Padua einen überzeugenden Beweis für zwei italienische Kardinaltugenden, nämlich das Design und die Eifersucht. Er führte einen Heavy-Metal-Slip ein, der unter verschiedenen Namen, zum Beispiel „Italienisches Schloß" oder „Venusgurt", bis nach 1600 in Mode blieb. Die schwerwiegenden Dessous wurden aus dauerhaftem Material, wie Eisen oder Leder mit Eisenapplikationen, gefertigt. Ehemänner, die wegen auswärtiger Geschäfte die Tugend ihrer Frauen nicht selbst bewachen konnten, machten den Daheimbleibenden die verschließbaren Höschen zum Abschiedsgeschenk. Die einzigen Schlüssel nahmen sie mit auf die Reise. Waren die Geschäfte allzu langwierig oder wurde der Hausherr

Kleines Format

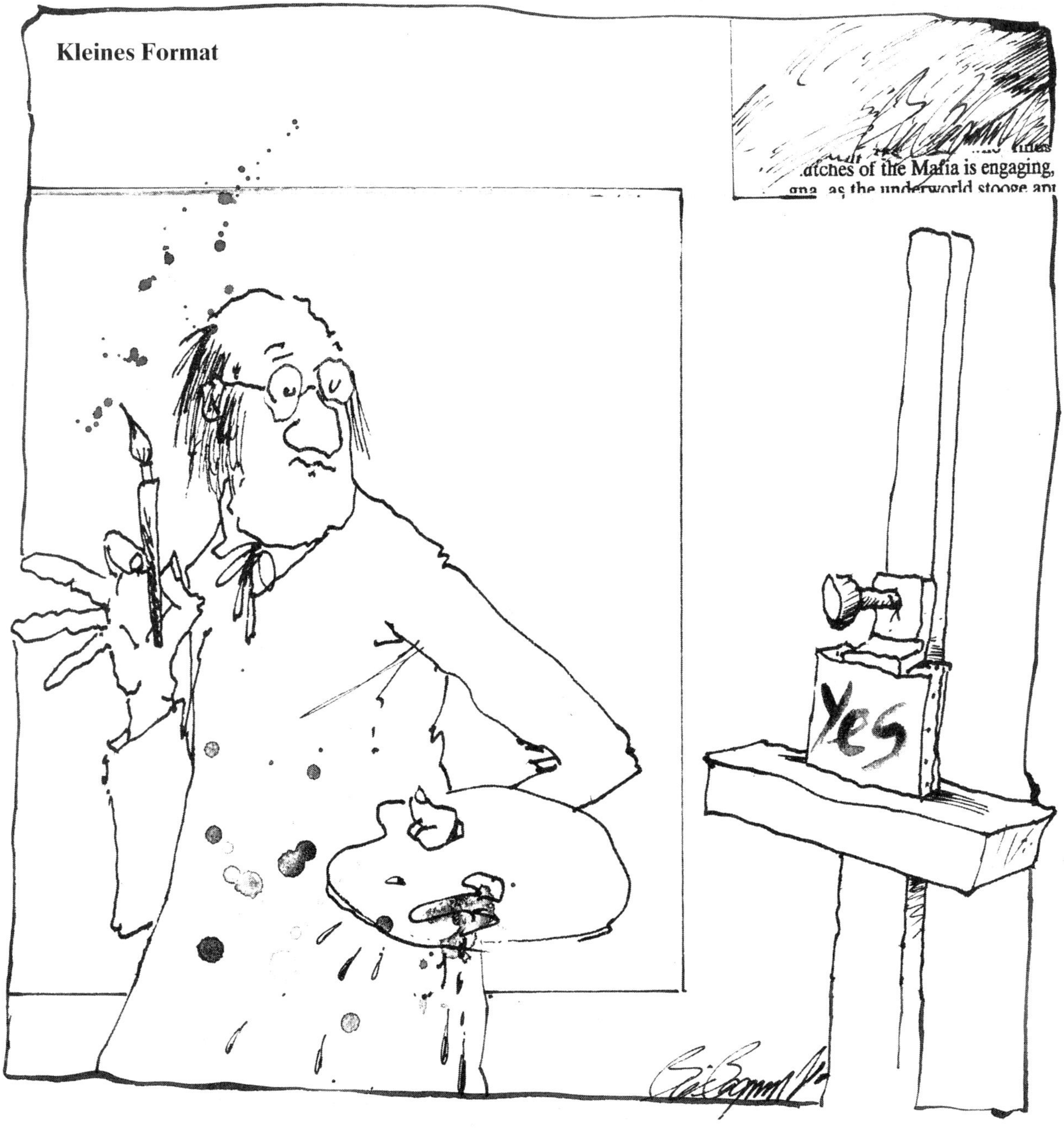

gar durch die Gründung einer Zweitfamilie aufgehalten, mußte ein Schlosser her, der dann meistens zwei Fliegen mit einer Klappe schlug. In Deutschland wurde das letzte Patent auf einen K. 1903 erteilt. Zwei besonders schöne Exemplare aus Florenz und vom Oberrhein finden sich heute im kommunalen Bikini-Tanga-Museum von Rio de Janeiro.

Kleines Format — Bezieht sich nicht etwa auf den Stellenwert des Künstlers innerhalb der Markthierarchie, sondern bedeutet genau das Umgekehrte: Nur Maler von großem Format können sich hin und wieder auch kleine Formate leisten.

Knallpapier — Bläschenfolie, die sich hervorragend für die Überbrückung von Arbeitsstörungen (siehe dort!) eignet. Arbeitsgestörte Künstler hämmern oft jahrelang auf den Luftkämmerchen herum, um ihre nervliche Dynamik zu erhalten. Weil es wegen des damit verbundenen Lärms oft Ärger im Familienkreis gibt, entstand die Bezeichnung Knallkopf.

Knochenleim — Klebmasse, mit der die Oberflächen von Leinen- oder Nesselstoffen verschlossen werden, um Grundierung und Farben nicht durchsickern zu lassen. Wenn der K. gekocht wird, entstehen Gerüche, die als Gestank empfunden werden und somit beweisen, daß dem Willen zur Kunst der Wille zum Opfer vorangeht.

Kohlezeichnung — Zeichnung, die nur wenig Kohle bringt.

Konkurrenz — Entsteht nicht, wenn zum Beispiel eine Konditorin und ein Konditor zueinander finden und nur sie sich auf die Kunst der Baumkuchenfertigung versteht. K. entsteht aber leicht bei einem Künstlerehepaar, wenn er in der Sparkassenfiliale ausstellt, während sie dasselbe in der Zentrale darf. Meistens gelingt es dann dem Mann, der Frau die Kunst zu verekeln. Weitsichtige Frauen, die an der Kunst festhalten wollen, nehmen von solch einer Künstlerehe Abstand und vermählen sich lieber mit Steuerhinterziehungsanwälten, Klimatechnikern, Einbrennlackierern und Posträten. Bei denen kann sie sicher sein, daß sie stolz auf ihr künstlerisches Wirken sind und ohne Murren den Transport ihrer Werke von einer Ausstellung in der Orangerie (siehe dort!) zu einer anderen in einem belgischen Badehotel und wieder zurück in die heimatliche Garage übernehmen.

Kostabi, Mark

Amerikanischer Künstler, der nur noch malen läßt: Ein halbes Dutzend angehender Künstler malt in seinem Auftrag zum Stundenpreis von sieben Dollar Bilder aller Art, die er anschließend signiert und vermarktet. K. begründet seine Stil damit, daß er ein sozialpsychologisches Symbol des modernen Unternehmertums schaffen wolle. Dessen Prinzip sei die gerechte Arbeitsteilung zwischen Chef und Untergebenem.

Krempel

Unbrauchbarer Hausrat von der Oma, der sich im Lauf der Jahre zu Trödel wandelt. Schließlich wird er zur raren, schier unbezahlbaren Antiquität, mit der die junge Karrierefrau ihr 800.000-Mark-Heim schmückt.

Künstler

Ein Mensch, der alles, wofür man Kindern auf die Finger haut, zu seinem Beruf gemacht hat.

Künstlerfrauen

Entweder sind K. ehemalige Kunstadeptinnen, die im Unterschied zu dem nach Ruhm und Ehre gierenden Ehemann den zwar zuvor geschmähten, aber lebensnotwendigen Weg zur Kunstlehrerin gegangen sind. Oder es sind tüchtige Frauen wie Sekretärinnen oder Betriebswirtinnen, die von vornherein keine Konkurrenz (siehe dort!) zu ihrem Mann darstellen. Beide Typen sorgen so lange für Essen, Kleidung und Unterkunft, bis der Mann berühmt geworden ist. Dann läßt er die Kinderbetreuung und die Hausarbeit, die er bisher aus Fairneßgründen mitmachen mußte, und er tauscht seine bis-

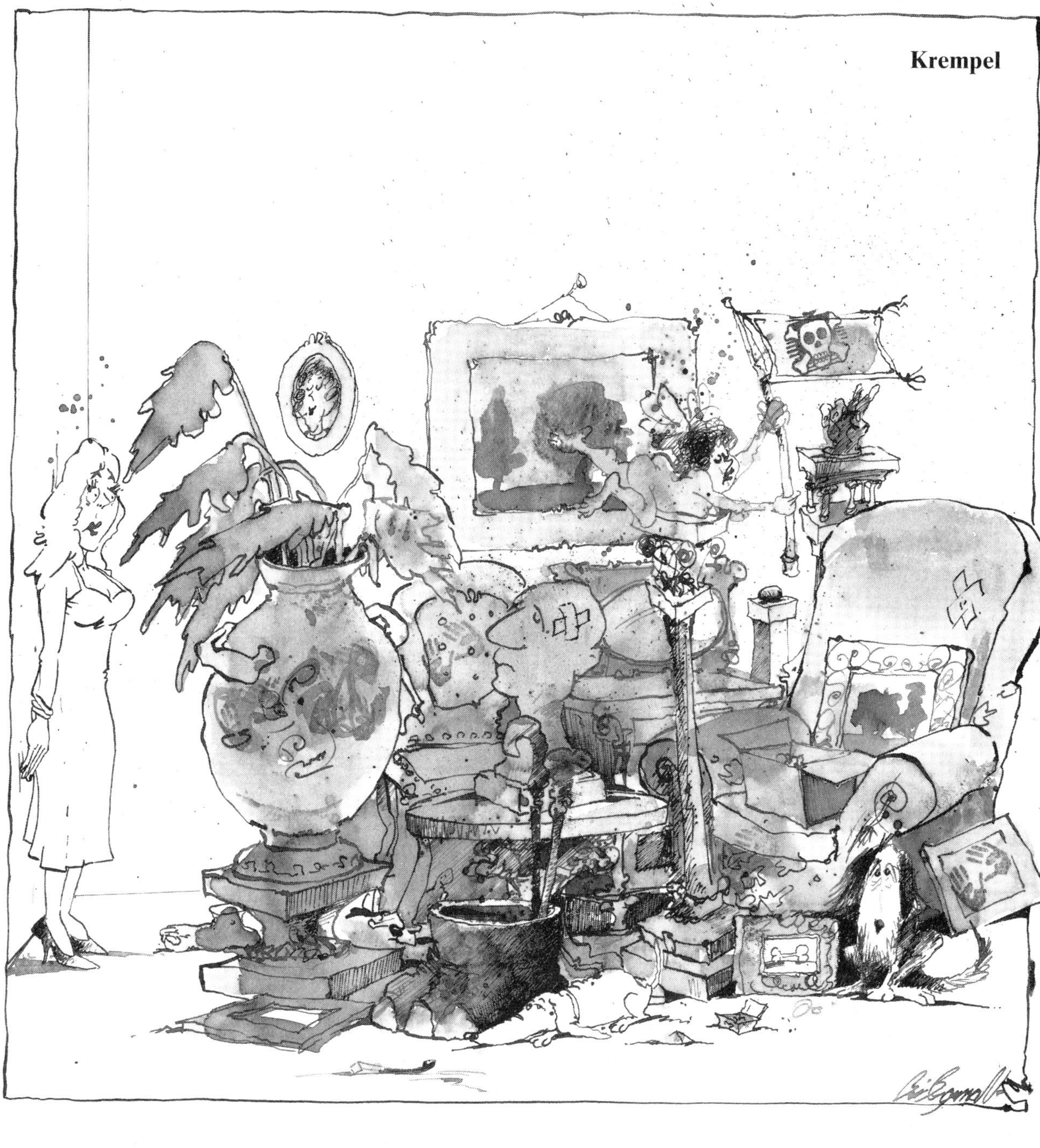

Krempel

Künstlerwitwe

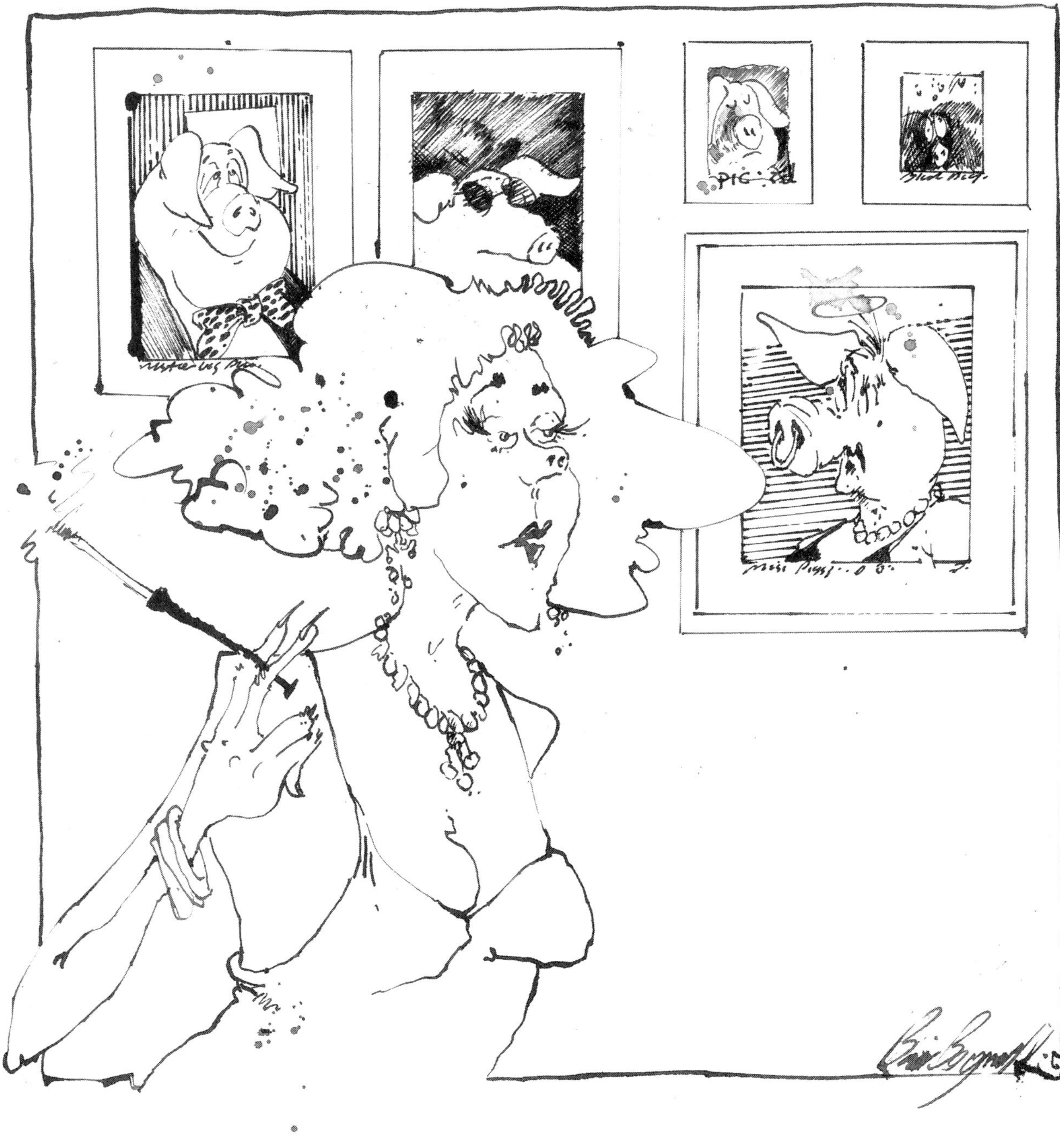

herige Ernährerin gegen eine neue Junge ein, die bewundernd zu dem Genius aufblickt. Voraussetzung für eine dauerhafte Bindung ist natürlich, daß die Zweitfrau die richtigen Leute kennt und von Kunst nicht allzu viel versteht. Große Meister, die das zusätzliche Glück einer Kunstprofessur haben, besorgen sich die Nachwuchskraft auf der Kunstakademie, wo sie jedes Jahr die freie Auswahl haben. Doch sie suchen nicht das oberflächliche Abenteuer, wie manche argwöhnen, sondern die stabile Zweitneurose, in die sie ihre schlechten Erfahrungen mit der Erstfrau voll einbringen können. So ist ein gealterter Meister gegenüber seiner Zweitfrau auch wesentlich toleranter als ehedem, was zur Folge hat, daß sie sogar ein bißchen künstlern darf. Wenn er bei seinen Eltern oder in Gesellschaft ist, wird er allerdings immer nur ihre hervorragenden und köstlichen Weihnachtsplätzchen erwähnen.

Künstlerwitwe

Auch Granitweibchen genannt. Die K. ist selten die Erstfrau des Künstlers, meistens die Zweit- oder Drittversion, die nach dem geduldig erwarteten Ableben des Mannes pausenlosen Umgang mit Doktoranden, Galeristen, angeblichen Freunden, Museumsdirektoren und Bücherschreibern pflegt. Sie rückt nichts raus, gibt nichts her, und alles bleibt so erhalten, wie es war, als der Tod dem Meister den Pinsel aus der Hand nahm. Max Beckmanns Atelier in New York zum Beispiel steht noch genauso da wie ehedem, und höchst eigenhändig wischt die Beckmann-Witwe allmorgendlich Staub in den Hallen, zu denen sonst nur noch Mäuse Zutritt haben. Wenn Künstlerwitwen nicht Staub wischen, malen sie auch mal im Schlafzimmer ein Bild des Verblichenen zu Ende, oder arbeiten überhaupt, wie Sonia Delaunay oder Yoko Ono, unter seinem Namen weiter. Zwischendurch schreibt die K. natürlich noch ein Buch mit dem Titel „Er und Ich“. Unterbrochen werden diese Tätigkeiten durch Gerichtsprozesse. Da muß das Granitweibchen gegen die zahlreichen Geliebten des Künstlers vorgehen, die reihenweise Erlebnisberichte mit dem Titel „Das Schwein und ich“ veröffentlichen.

Kunstförderung

K. wird veranstaltet, weil auch Vorstandsmitglieder mal dem sterilen Luxus ihrer Etagen entkommen und echte Armut kennenlernen wollen. An einem schönen Freitagnachmittag machen sich die Spender auf den Weg zum Empfänger des Förderpreises, wo sie bei Bier, Saumagen und Mettbrötchen die jämmerlichen Lebensumstände bestaunen, in denen künftiger Ruhm (siehe dort!) gedeiht. Nach zwölf Bierchen schließlich darf auch der letzte Vorstandsvorsitzende ganz Mensch sein. Vergessen sind Unternehmenskultur (siehe dort!) und die schauderhafte Bronze, die den Parkplatz des Chefs markieren soll, und lange noch unterhält man sich im Kreis interessierter Jungkünstler über das Fernsteuerboot, das der Finanzvorstand letztes Mal zu Weihnachten geschenkt bekommen hat.

Kunstmesse

Zeigen ist hier alles: Der Galerist zeigt dort, was er sich alles an Künstlern und Käufern leisten kann. Besucher zeigen, was sie alles aushalten können, ohne Akne auf den Augen zu kriegen. Aufstrebende Künstler zeigen, bei welcher Galerie sie ausstellen dürfen. Illustre Künstler zeigen sich nur kurz in mehrköpfiger Begleitung. Arme Künstler zeigen sich drei Tage lang ständig. Bankrotte Galeristen zeigen, daß sie wieder liquide sind, indem sie rote Punkte als Zeichen für „verkauft" neben unverkäufliche Mammutschinken (siehe dort!) kleben. Alle Leute zeigen Interesse, und noch mehr Leute zeigen Depressionen. Wer überhaupt nichts vorzuweisen hat an Schönheit, Ruhm, Krankheit oder Reichtum, der zeigt seine Kinder (siehe auch das Fröhliche Wörterbuch „Kinder"!). Die springen so lange bei Edelgaleristen wie Pellegrini oder Beyerle an den Wänden herum, bis denen ganz pastos (siehe dort!) vor Augen wird. Am Schluß der K. trifft sich die Prominenz bei einem Rubens-Toast zu 36 Mark achtzig und feiert ein Happening, bei dem alle mal „Du" zu Claes Oldenburg (siehe auch Software!) sagen, obwohl der gar nicht erschienen ist.

Kunstpreis

Steht meist hinten drauf, kann aber auch so geheim sein, daß der Galerist ihn selbst dem Künstler nicht mehr nennt.

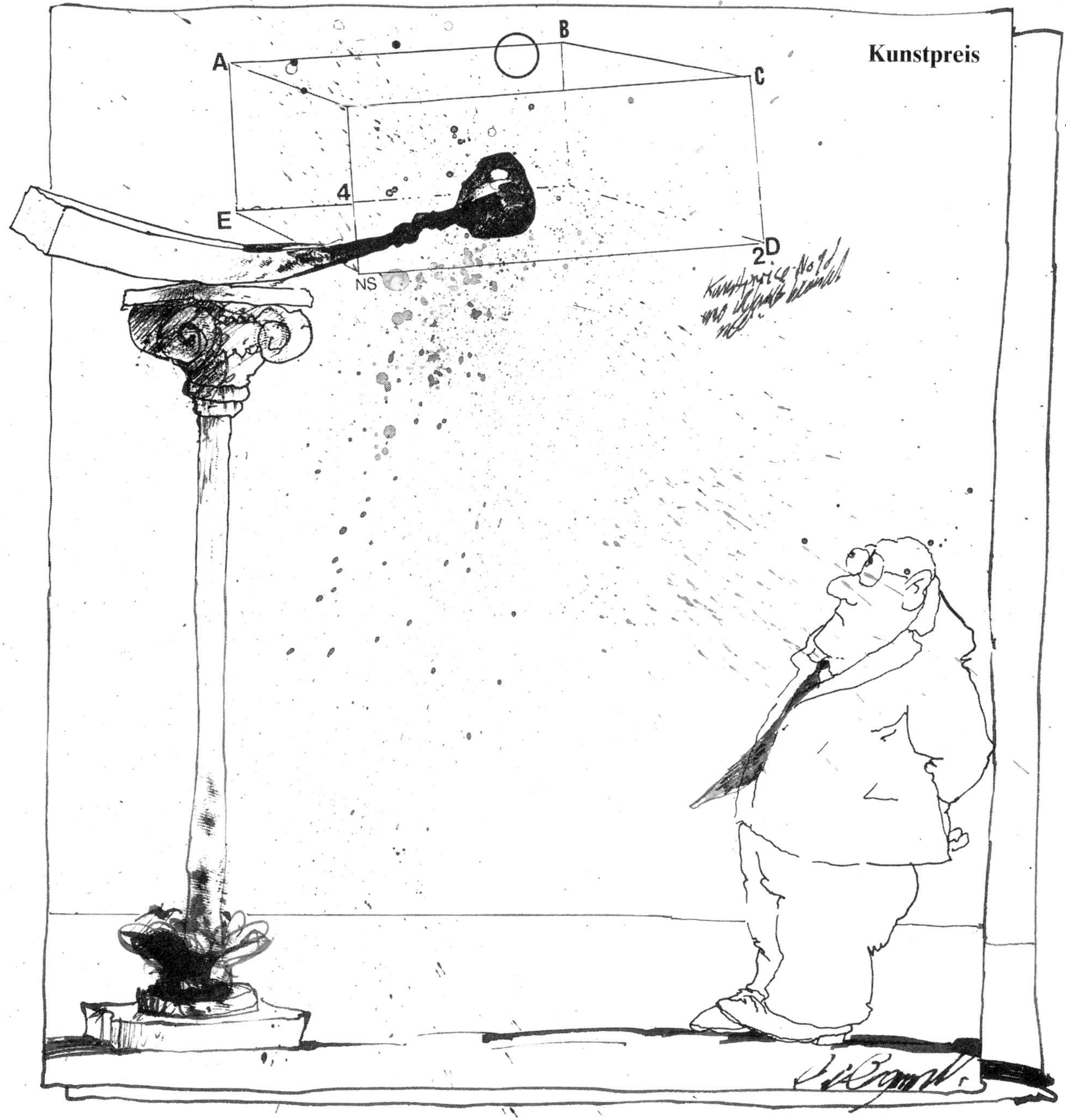
Kunstpreis
A
B
C
E
4
2D
NS

Kunststück — Der schwierigste Teil eincs Kunstwerks, nämlich der Verkauf.

Kurfürstenteller — Unterlage, auf der noch heute zur Kur entsandte Buchhalter fürstliche Menüs verspeisen und damit den ohnehin nicht beabsichtigten Erfolg der Kur vollends zunichte machen. Anstelle der Bildnisse von Kaiser und Kurfürsten, mit denen der K. im 16. und 17. Jahrhundert geschmückt war, dienen heute die Embleme der gesetzlichen Krankenkassen als Randverzierung.

L

Le Corbusier — Startheoretiker der modernen Kästchenarchitektur. Ihm verdanken wir den Begriff der Wohnmaschine und den „Corbu", einen hydraulisch betriebenen Apparat, mit dem auch die vollbusigsten Frauen und faßbäuchigsten Männer zu handlichen Würfeln zusammengepreßt werden können, bis sie in die Wohnmaschine reinpassen.

Leonardo da Vinci — Italienischer Mechaniker, Optiker, Anatom, Botaniker, Zoologe, Geologe und Meteorologe. Malte zwischendurch auch mal die „Mona Lisa" (siehe dort!) und „Das Abendmahl". Sein Wahlspruch lautete „Veni, Vidi, Vinci".

Leuchterweibchen — Früher: Muttergottesleuchter. Heute unter Yuppies übliche Bezeichnung für Frauen mit mehr als 100.000 Mark Jahreseinkommen.

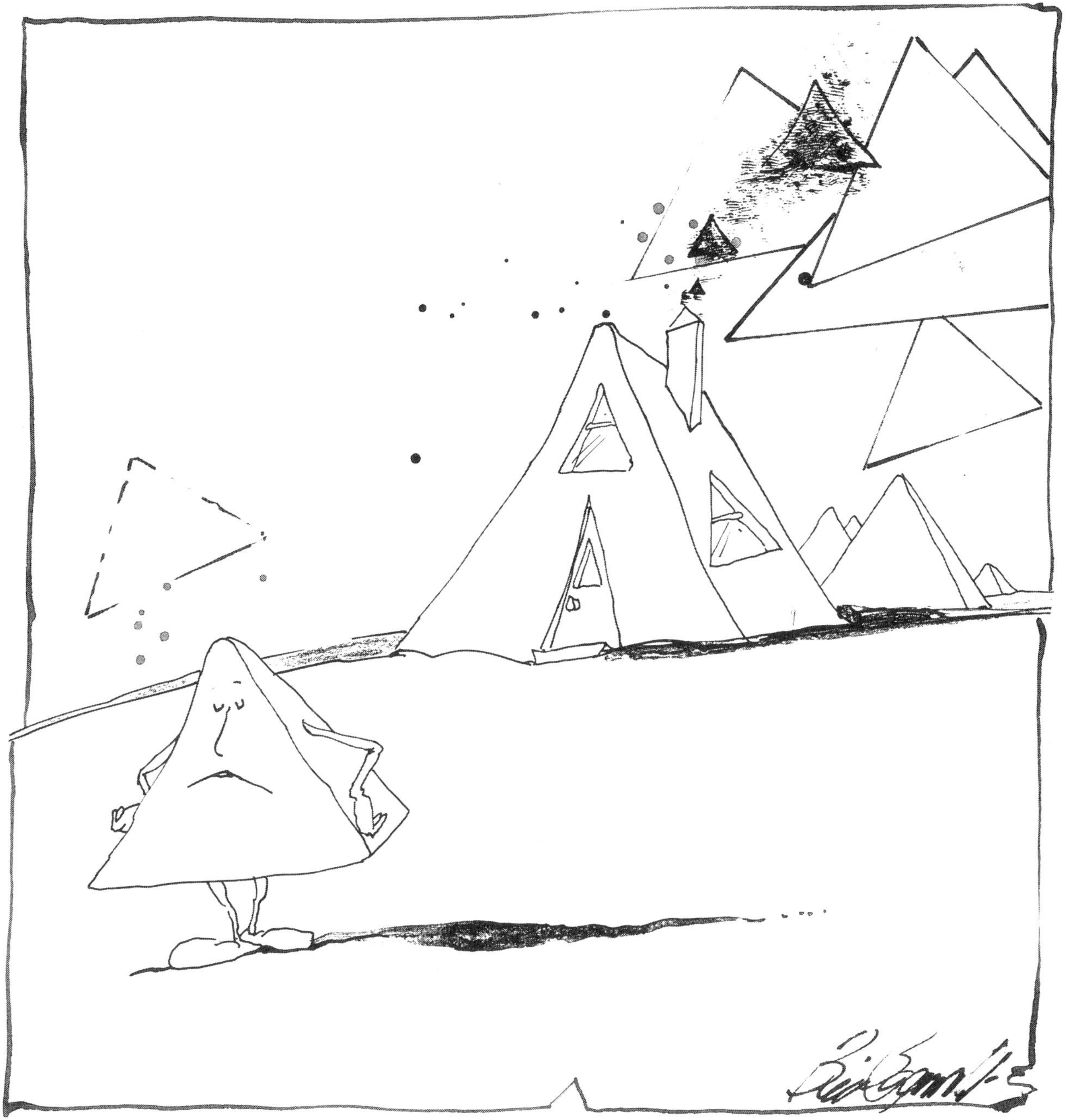

Marylin Monroe

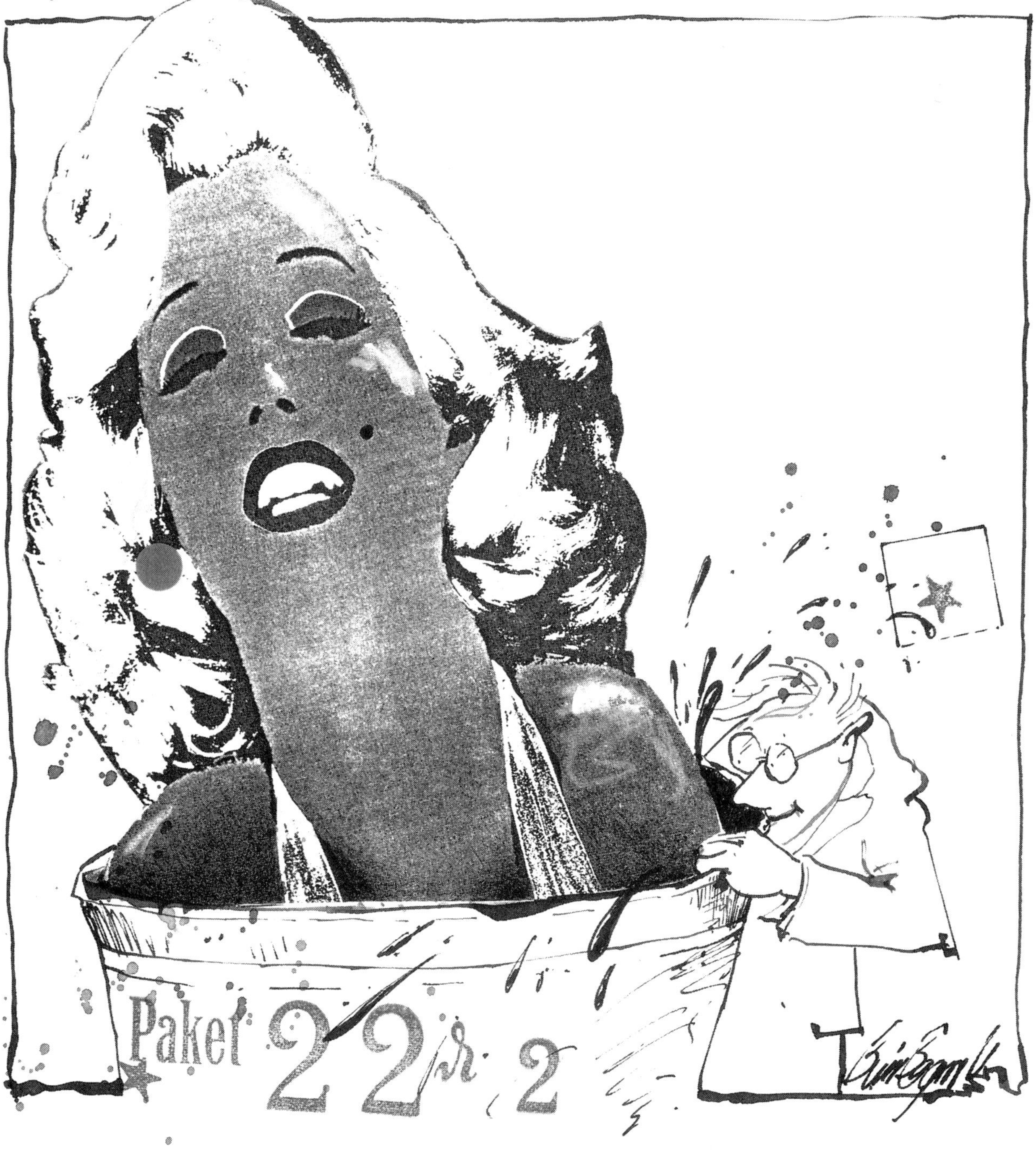

M

Majolika	Bemaltes zinnglasiertes Steingut. Stammt aus Mallorca und wurde im 16. Jahrhundert von Kaufleuten nach Italien gebracht, wo bis zum 19. Jahrhundert Kaffeetassen, Schalen, Deckelhumpen und Gitterwerkschalen in dieser Technik hergestellt wurden. Die M. ist heute wieder gebräuchlich in Mallorca für die typische Kaffeetafel deutscher Urlauber, bestehend aus einem Kännchen Jacobs Krönung, deutschen Brötchen und deutschem Mißmut.
Macke, August	Typischer Vertreter des Expressionismus (siehe dort!).
Malgrund	Der gebräuchlichste M. ist das Fehlen anderer Talente. Dazu kommt das Bedürfnis nach einem heizbaren Badezimmer, nach Unsterblichkeit und nach einem Volvo Kombi.
Mappen	Unentbehrliche Künstlerrequisiten, die permanent vorgelegt, eingereicht, und rumgezeigt werden. Verschwinden erst, wenn die Moppen kommen, mit denen genau umgekehrt verfahren wird.
Marylin Monroe	Motiv des amerikanischen Popstars Andy Warhol, das er sich vornahm, als er Campbell's Suppendosen zu Ende gemalt hatte. Sein Kollege Midgette ließ es dabei nicht bewenden und stellte mit seiner Xerox-Art ein Bild her, in dem Marylin aus einer aufgerissenen Campbell's-Dose guckt.
Maßwerk	Nach dem grobschlächtigen Oktogon (siehe dort!) eingeführte Größe für den Bierhumpen. Das M. wurde dann für die Gestaltung von Fenstern und Wänden gotischer Kathedralen übernommen. Mittlerweile hat sich die Größe der Bierhumpen soweit verringert, daß eine bayerische Maß dem Hundertstel eines Maßwerks entspricht.

Mona Lisa

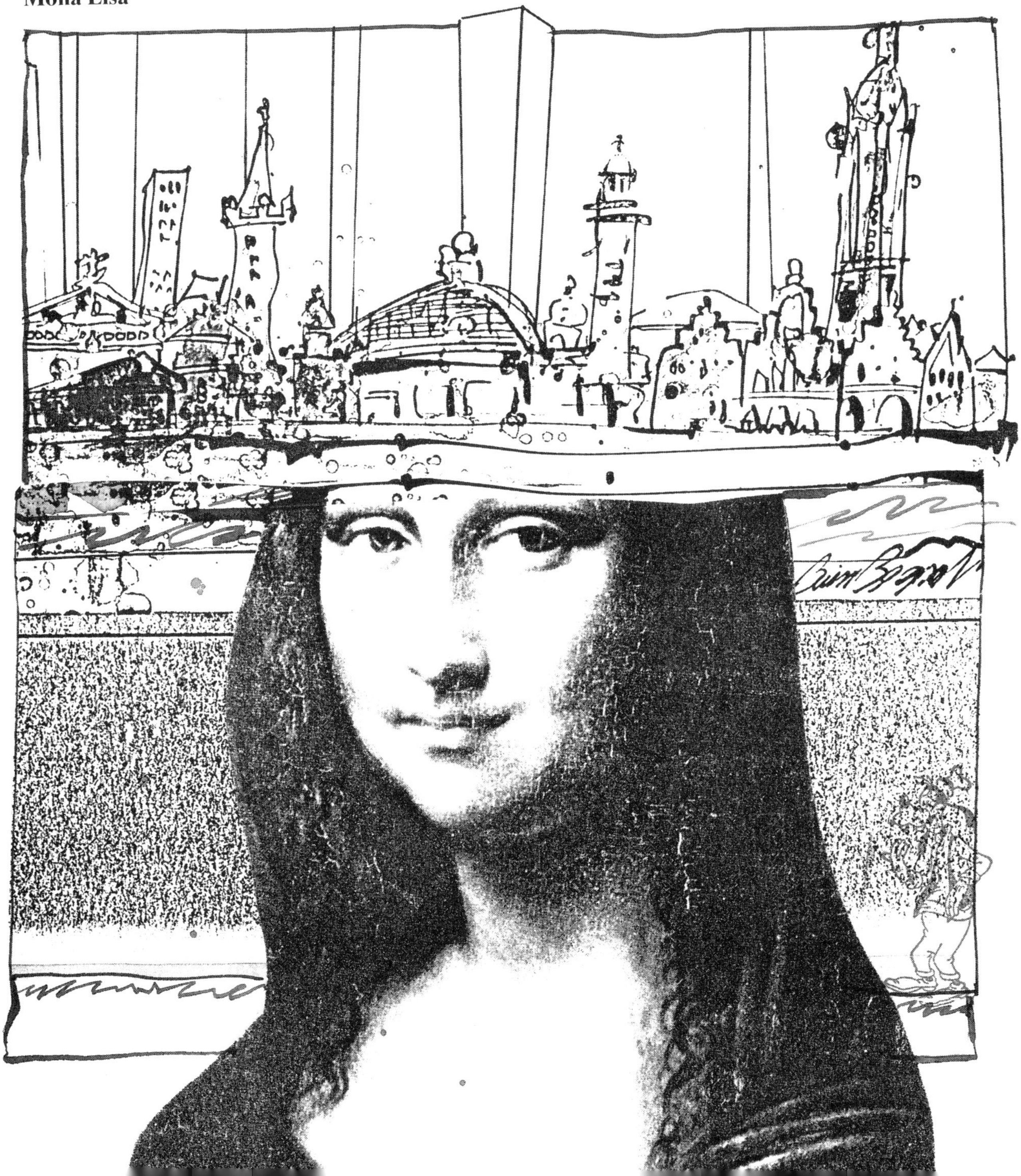

Mausoleum

Gigantische Mausefalle im Altertum.

Mies van der Rohe

M. war Direktor des Bauhauses (siehe dort!) und Schöpfer der Stahlskelettarchitektur. Seine Bauten werden heute von postmodernen Architekten mit billigen Hinweisen auf seinen Namen diffamiert.

Microchip

Findet nicht nur in Computern Verwendung. Ein echter M. schmückt auch einen Tisch vom Typ „Bonheur du jour" (siehe dort!) im Musée des Arts Décoratifs in Paris. Schöpfer des Kunstwerks ist der junge Designer Vincent Béchau. Nach Expertenschätzungen birgt dieser M. der letzten Generation allerdings nur ein Tausendstel der Informationen, die im 18. Jahrhundert die Damen der Gesellschaft am „Bonheur du jour" über den Tisch reichten.

Militaria

Kunstwerke, mit denen die Schönheit des Krieges versinnbildlicht wird.

Monet, Claude

Meister des französischen Impressionismus. Löste auch so massive Gegenstände wie Bahnhöfe und Mietshäuser in lustige Tupfer auf. Am Ende seiner Laufbahn war er für die vielen Farbfleckchen zu faul, und er begnügte sich mit ein paar lässig hingeworfenen Konturen. Das war die Chance für den Pointillismus (siehe dort!), in die entstandene Marktlücke vorzustoßen und mit Pünktchen, die alle Tupfer überboten, den Sonntagsspaziergang als Pickelbild darzustellen.

Mona Lisa

Immobilienmaklerin aus der Renaissance, die Leonardo da Vinci (siehe dort!) malte, als sie gerade in Florenz den Palazzo Pitti vermakelt hatte.

Monument Valley

Amerikanische Felsformation, die zum ewigen Gedenken an den Marlboro Cowboy errichtet wurde.

Multi-Vitamin-Bilder

Obst- und Gemüseplatten, die der italienische Maler Arcimboldo im 16. Jahrhundert in Form von Portraits und Allegorien zusammenstellte. Meist sind es berühmte Männer, die er abbildet, zum Beispiel Kaiser Rudolph II. mit Apfelbäckchen, Maiskolbenohren und Kürbishirn. Junges Gemüse interessierte Arcimboldo weniger. Gefahndet wird allerdings immer noch nach einem Bild, auf dem er seine Frau als Obstsalat dargestellt hat. Die Surrealisten sahen in ihm einen frühen Verwandten, und die Öko-Bio-Bewegung will neuerdings eine Arcimboldo-Foundation ins Leben rufen. Kürzlich wurde im Münchner Vergnügungsviertel Schwabing „Chez Boldi" eröffnet, ein vegetarisches Restaurant, in dem nur Leute speisen dürfen, die Pfirsichhaut, eine weiche Birne und Veilchen vorweisen können.

Munch, Edvard

Malte meistens die Gesichter von Leuten, die schreckerfüllt die norwegischen Alkoholpreise studieren.

N

Nagel-Uecker

Der passionierte Dieselfahrer erlöste die deutsche Stahlwarenindustrie in den 60er Jahren aus einer schweren Absatzkrise, als er massenhaft Kunstwerke aus Nägeln schuf. Recht unbequem sind seine Sitzmöbel, für die er die gleiche Technik anwendete.

Nam June Paik

Koreanischer Künstler, der Videos im Stil der asiatischen Essenszubereitung zerhackt und dann wieder zusammenfügt, was zu einer ganz neuen, überaus beunruhigenden Seherfahrung führt.

Neue Verständlichkeit

Kunstrichtung, von der alle träumen.

Neue Wilde

Künstlergruppe Ende der 70er/Anfang der 80er Jahre, die so unbändig radikal war, einfach wieder gegenständlich zu malen.

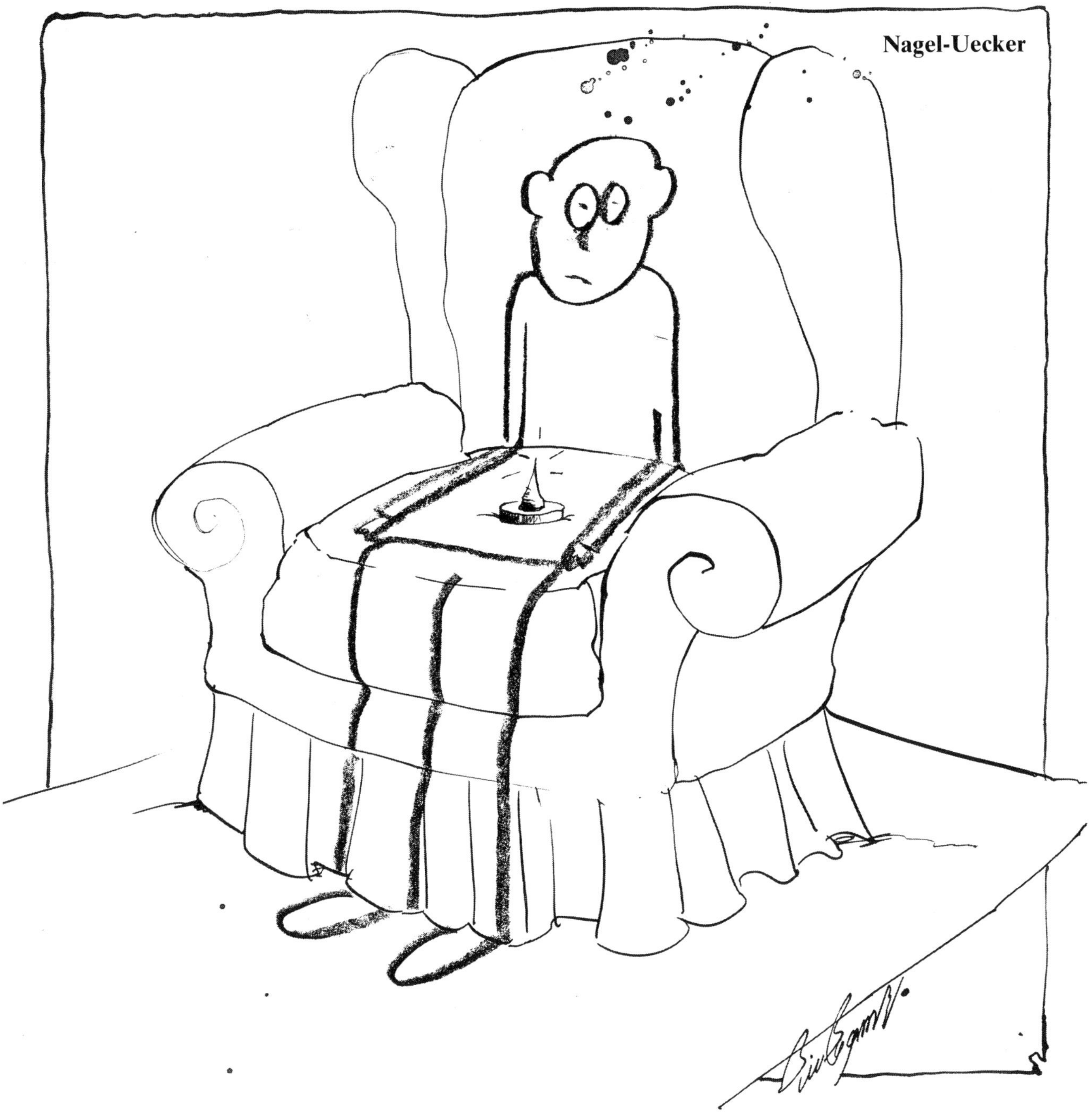
Nagel-Uecker

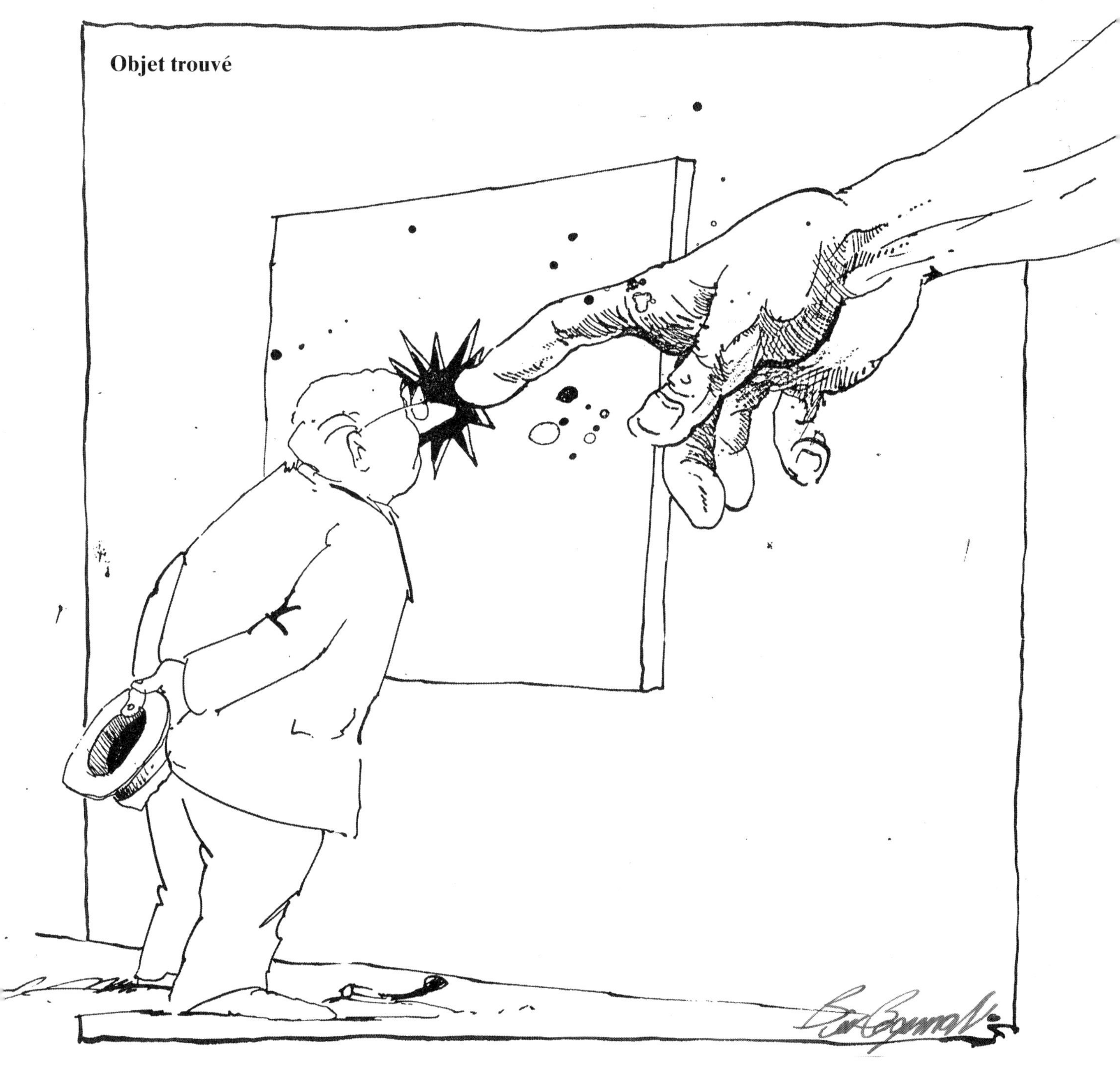

Objet trouvé

O

Objet trouvé

Kunstrichtung, die sich nicht wie alle anderen verkrampfen will, sondern einfach alles zu Kunst macht, was sich gerade anfindet. Ungerecht wäre es, den Autoren dieses Buches eine solche Verfahrensweise anzudichten.

Ölgötze

Insider-Ausdruck für begeisterten Kunstsammler.

Ofenplatten

Meist aus Gußeisen gefertigt und mit ländlichen Motiven oder adeligen Wappen geschmückt. O. sind unentbehrliche Dekorationsstücke für Künstlerhäuser in Worpswede (siehe dort!) und Junggesellenappartements in Hamburg-Eppendorf.

Ohrensessel

Dadaistisch-frühpoppiges Sitzmöbel, in den 30er Jahren von dem Amerikaner Man Ray gemeinschaftlich mit Polster-Richter entworfen. Mit dem Halali gegen die Bandscheiben-Schädlinge vom Bauhaus (siehe dort!) wurde eine neue Blütezeit des organischen Möbelstils eingeläutet. Klauenfußschränke, Nierentische, Kugelbauchlampen, Langhalsvasen und Sekretäre mit geschwungenen Schenkeln fanden plötzlich wieder prächtigen Absatz. Endgültig gebrochen wurde das Diktat des Winkeleisens mit der Postmoderne (siehe dort!), die heute den O. als Urvater ihres Formstrebens verehrt.

Oktogon

Im Mittelalter war das O. die gebräuchliche Maßeinheit für Bierkrüge. Es wurde von dem Baumeister Okto dem Runden auch als Bauprinzip für Kathedralen verwandt, nachdem er acht Oktogone gesoffen hatte.

Orangerie

Gewächshaus, das im 17. Jahrhundert für das neue Fürstenhobby der Orangenzucht erfunden wurde. Seit die Orangenzucht am Ende des 18. Jahrhunderts an Freizeitwert verloren hat und dem Monopoly-

Spiel gewichen ist, dienen die feudalen Treibhäuser kommunalen Veranstaltungen wie Lichtbildvorträgen, Kammerkonzerten und Kunstausstellungen, in denen entweder sozialkritische Graphiken oder lebensfrohe Aquarelle (siehe dort!) präsentiert werden – je nachdem, welche Partei im Stadtrat gerade das Sagen hat.

Orientierungsbereich Kurz auch O-Bereich genannt: eine Art Vorklasse, in der entschieden wird, ob jemand zum Kunststudium zugelassen wird. Nicht zu verwechseln mit dem Oh!-Bereich, der einsetzt, sobald der Künstler nach dem Studium in die Zeit der Arbeitslosigkeit eintritt.

Ornamentstecher Die O. schufen Vorlagen für Fresken, Möbel, Friese, Pilaster, Schmuckstücke, Bühnenbilder und Textilien. Sie sind die Vorläufer der heutigen Graphik-Designer, die ursprünglich Künstler werden wollten und in Werbeagenturen Reprovorlagen für Anzeigen aller Art schaffen. Diese Anzeigen bilden in Zeitungen den Anzeigenfriedhof, auf dem die Graphik-Designer jeden Tag aufs neue ihre Künstlerambitionen begraben.

P

Passepartoutmesser Beliebtes Mordwerkzeug enttäuschter Künstlerfrauen (siehe dort!).

Pastos Ausdruck aus der italienischen Küche. P. bedeutet „teigig" und bezeichnet 1. einen speziellen Garzustand von Nudeln, die nicht mehr „al dente" sind. Bezeichnet 2. auch den Zustand von Bildoberflächen, die dick mit Farbe eingepinselt wurden. Besonders die Impressionisten (siehe dort!) und Expressionisten (siehe dort!) liebten die Farbwurst aus der Tube und verteilten sie großzügig in ihren Bildern. Sie selbst mußten sich mit einem Quarkbrot begnügen.

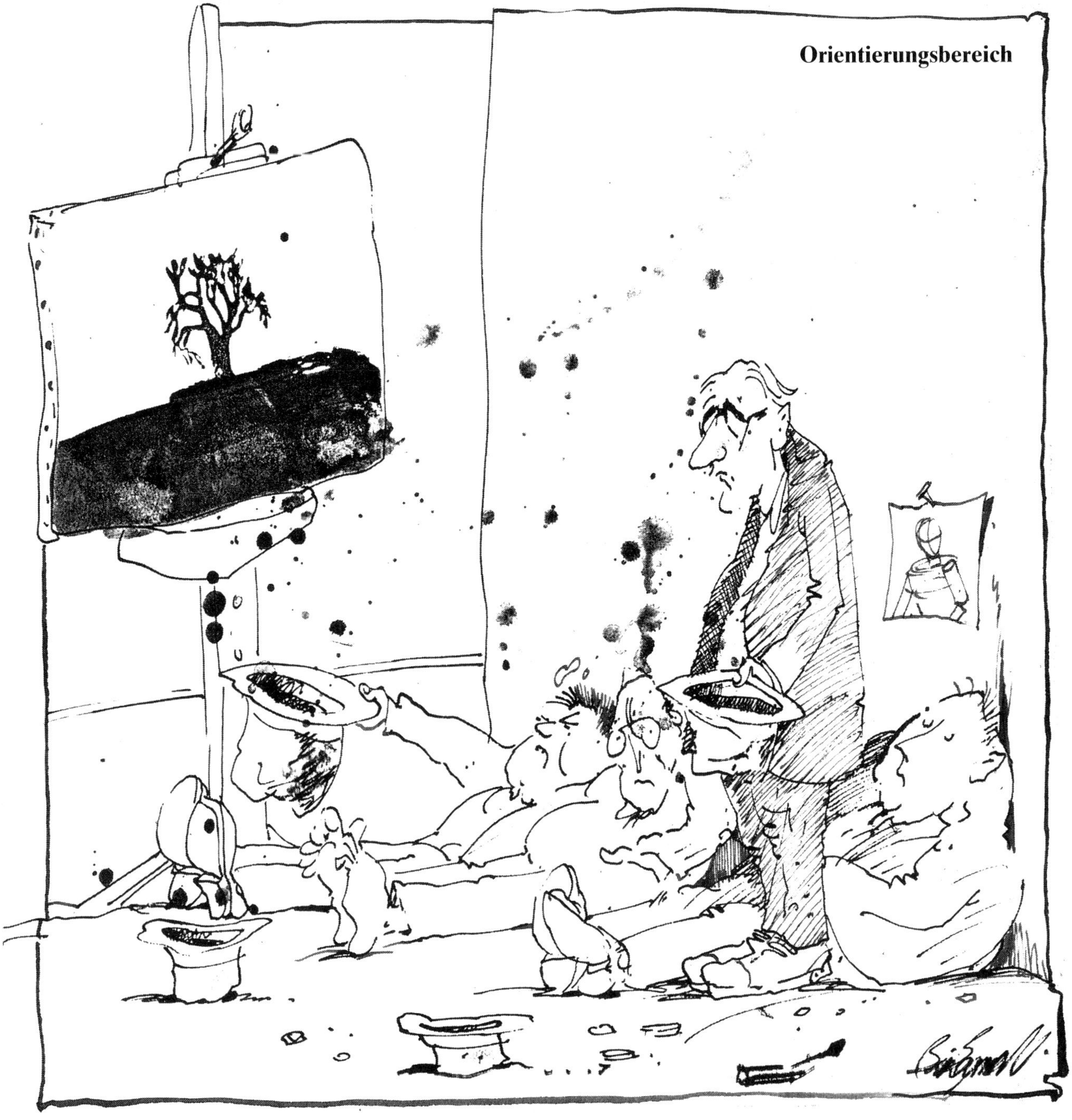
Orientierungsbereich

Phelloplastik

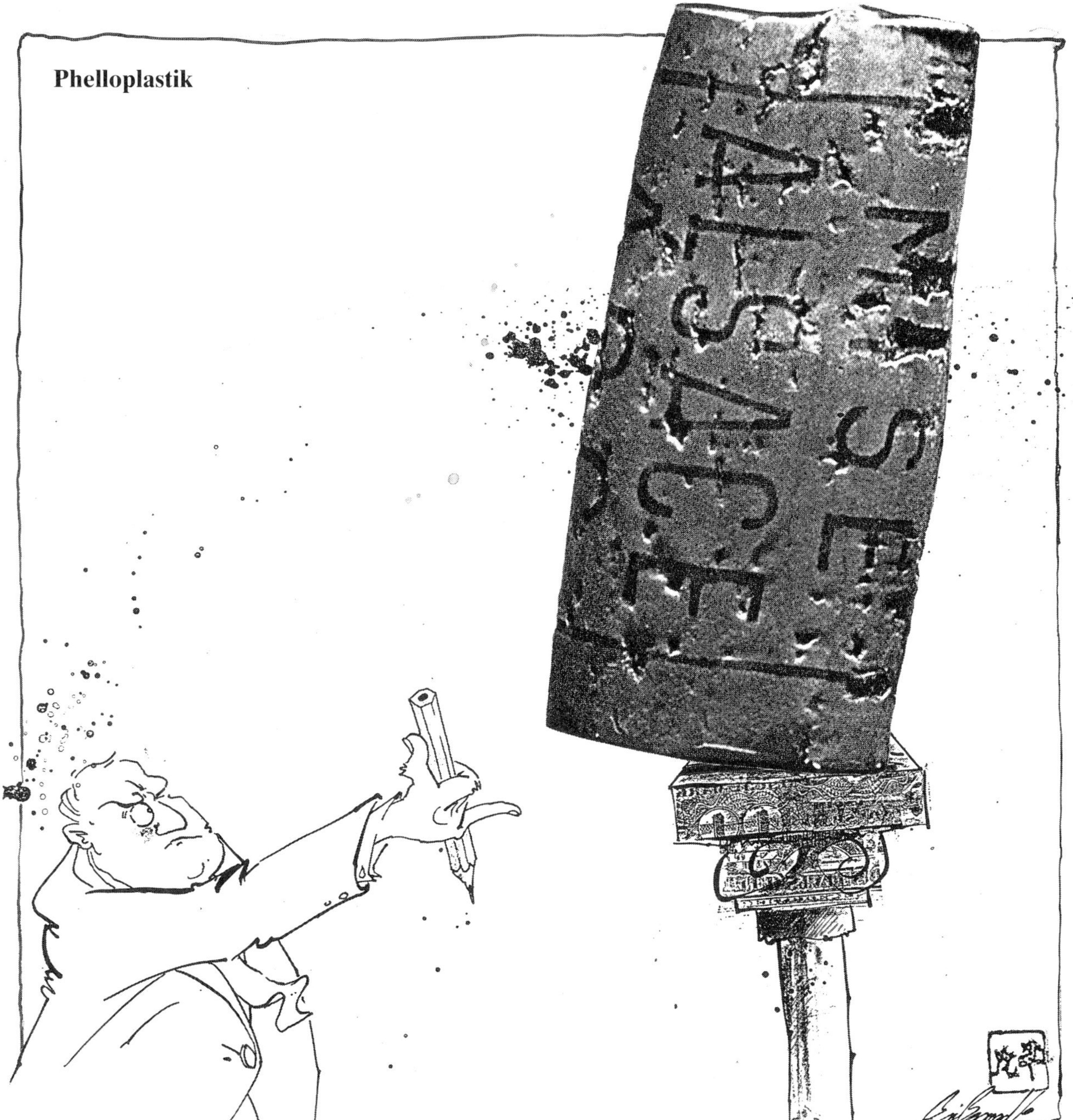

Performance

Die P. ist scharf zu unterscheiden vom Happening. Eine P. ist zum Beispiel: den Mantel anziehen, die Straße überqueren, den Mantel wieder ausziehen. Ein Happening ist dagegen: den Mantel anziehen, die Straße überqueren, sich dabei überfahren lassen, den Mantel wieder ausziehen. Außerdem gibt es noch Aktionen, die leider auch gefälscht werden. So wurde zum Beispiel im Waschkeller eines Studentenwohnheims einmal eine angebliche Beuys-Aktion in tadellosem Zustand angeboten. Die Betrügerin, eine mittellose Kunststudentin, fegte das auslaufende Waschmaschinenwasser in Richtung Gully. Daß es sich um eine Fälschung handelte, erkannten Experten erst anhand des Oeuvre-Katalogs von Beuys (siehe dort!). Es fehlten nämlich die im Original von dem koreanischen Künstler Nam June Paik (siehe dort!) geknackten Walnüsse, die den Wasserlauf akustisch ergänzen.

Phelloplastik

Während unkünstlerische Menschen seit jeher zur Flasche greifen, um zu trinken, öffneten die Künstler des 18. Jahrhunderts Flaschen, um Korken zu sammeln. Aus diesen Korken erschufen sie die Phello- oder Korkplastik, die sich vorzugsweise in architektonischen Modellen darstellte. Phelloplastische Kabinette finden sich ausschließlich in fürstlichen Residenzen, weil nur in diesen Häusern genügend Korken abfielen. In besonders snobistischen Fürstenhäusern wurden sogar teuerste Weine massenweise in sogenannten Entkorkungsorgien verschüttet, nur um genügend Material für eine Korkorangerie oder eine Korkakropolis zu gewinnen. Im Aschaffenburger Schloß findet sich noch heute ein Korkkolosseum, das einen Platz von elf Quadratmetern beansprucht. Auch der bekannteste Korkkünstler unserer Tage, Ernst Riesling, hat sein Atelier (siehe dort!) im Aschaffenburger Schloß, direkt im Weinkeller. Dem schlechten Beispiel der fürstlichen Verschwender allerdings folgt Riesling nicht nach. Der Künstler trinkt die erforderlichen Flaschen selbst aus, bevor er mit neuer Kraft ans Werk geht.

Picasso

Malheros aus dem spanischen Malaga, der zunächst noch ganz vernünftige Portraits zeichnete, dann aber mehr und mehr in das abglitt, was wir die moderne Kunst nennen müssen. Nach seiner anfänglichen akademischen Phase begann P. nämlich zu trinken (siehe auch Phelloplastik!). Das führte zu seiner berühmten blauen Periode. In dieser Periode malte P. vornehmlich blaue Gaukler, Stierkämpfer, Zigeuner und sonstiges Volk – Bilder trunkenen Schwermuts und beginnender Unverständlichkeit. Dann hörte P. mit dem Saufen auf und wandte sich in der heiteren rosa Periode der Darstellung kleiner Mädchen zu. Als ihn auch das langweilte, erfand er den Kubismus – eine Kunstform, in der die Dinge leider ganz anders dargestellt werden, als sie wirklich sind. Permanenter Hunger zwang den Verwandlungskünstler alsdann, alles zu malen, was sein nicht minder begnadeter Kunsthändler Kahnweiler (siehe dort!) nur irgendwie zu Geld machen konnte: Gegenständlich-Realistisches, Klassisches, Symbolistisches, Surrealistisches, Abstraktes, Sozialistisches und Snobistisches. Als wegen horrenden Reichtums der Hunger ausblieb, hatte er auch das Malen satt. In der Folgezeit faßte er nur noch Frauen an, und zwischendurch knetete er massenhaft Tongefäße. Berühmtestes Werk aus dieser Phase ist die Tasse mit dem Henkel nach innen, die von verständnislosen Banausen heute noch fälschlicherweise als Ostfriesentasse verspottet wird.

Pinakothek

Riesendisco in München für Leute ab 50.

Plein-air-Malerei

Malerei in Atelierräumen, in denen die Luft voll ist mit schädlichen Dämpfen, die beim Trocknen der Farben und Lösungsmittel ausströmen. Kunstwissenschaftlich auch: Malerei unter freiem Himmel.

Pointillismus

Nervöse Pünktchenmalerei in der Nachfolge des Impressionismus (siehe dort!), die überflüssig gewesen wäre, wenn es damals schon das Farbfernsehen gegeben hätte.

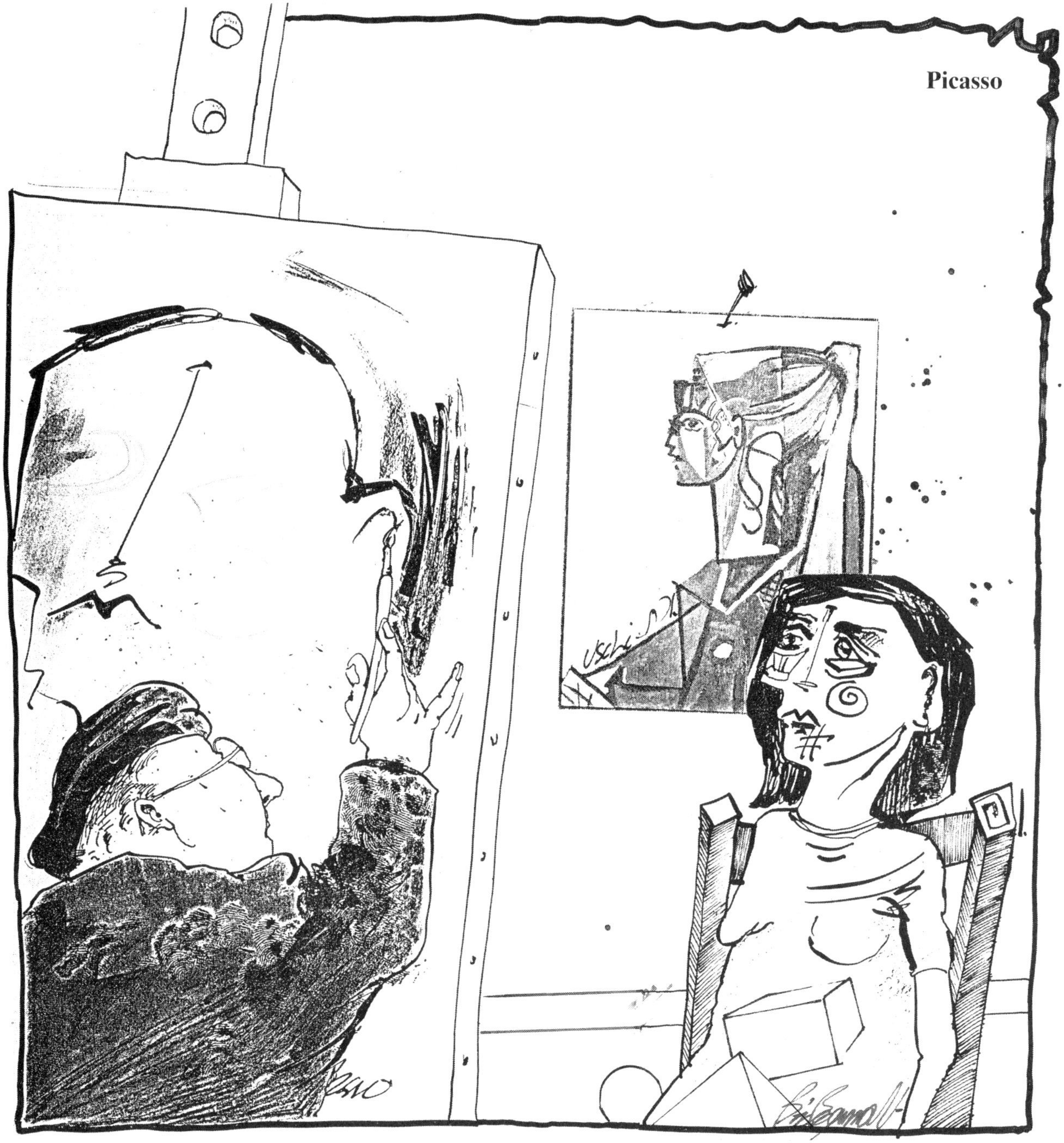

Picasso

Putten

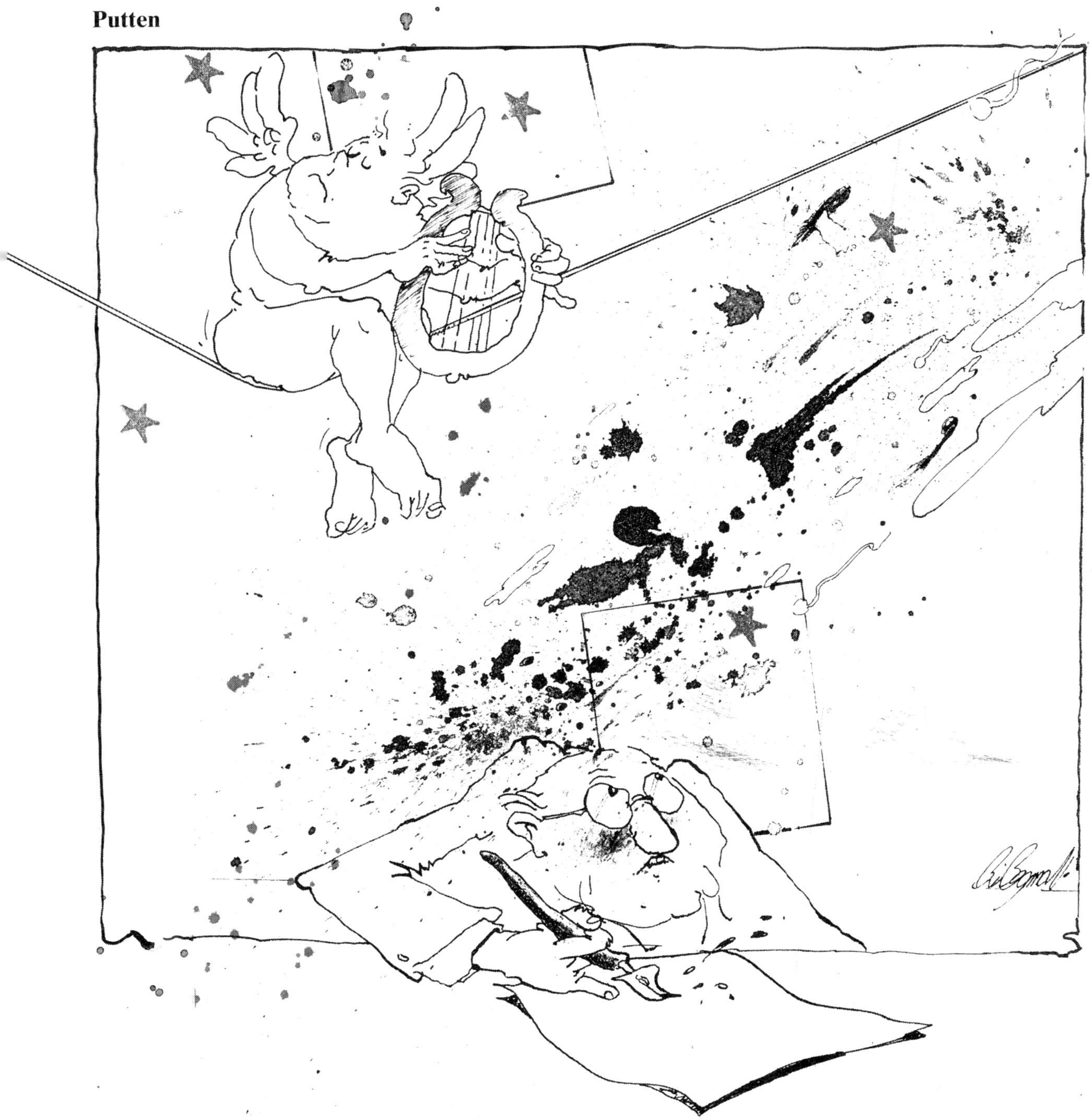

Polyktet

Altgriechischer Bildhauer und Erzgießer. Er erfand Standbein und Spielbein – ein frühes Symbol für das beständige Schwanken des modernen Menschen zwischen Pflicht und Kür, Lust und Frust, Scylla und Charybdis, Max und Moritz, Thurn und Taxis, Goethe und Schiller, Thomas Gottschalk und Dieter Thomas Heck.

Portrait

Bild, das vom Auftraggeber meistens als Karikatur empfunden wird – Ausnahmen mal ausgenommen (siehe auch Auftragsarbeit!).

Porzellanspitzen

1830 wurde in der Berliner Porzellanmanufaktur ein Verfahren erfunden, bei dem Leinenspitzen in die Porzellanmasse eingelegt und mitgebrannt wurden, um so dem Porzellan ein besonders kleidsames Aussehen zu geben. In den 20er Jahren unserers Jahrhunderts schmückte Coco Chanel das kleine Schwarze mit zierlichen P., die nach dem alten Verfahren gefertigt waren. Da Porzellan aber so schwierig zu bügeln ist, kam die Sache bald aus der Mode und mußte durch die berühmten Chanel-Ketten ersetzt werden.

Postmoderne

Baustil, der in Opposition zum Bauhaus entstand. Für die P. ist nicht mehr das Skelett (siehe dort!), sondern die gezackte Briefmarke das Vorbild des Schaffens. Neuerdings spricht man auch von einem postmodernen Denkstil, von postmoderner Erotik und postmoderner Lakritzherstellung – wobei sich gewiß noch herausstellen wird, was damit gemeint ist.

Putten

P. sind Fabelwesen, die sich früher als Engelchen in Kirchen herumtrieben und heute, „Input – Output" schnatternd, in der Nationalökonomie ihr Unwesen treiben.

Puzzle

Das P. bietet die Chance, erlesene Kunstwerke auch dem Volk nahezubringen. Zahllose Motive aus allen Epochen der Malerei haben in Puzzleform weiteste Verbreitung gefunden. Die Erkenntnis von

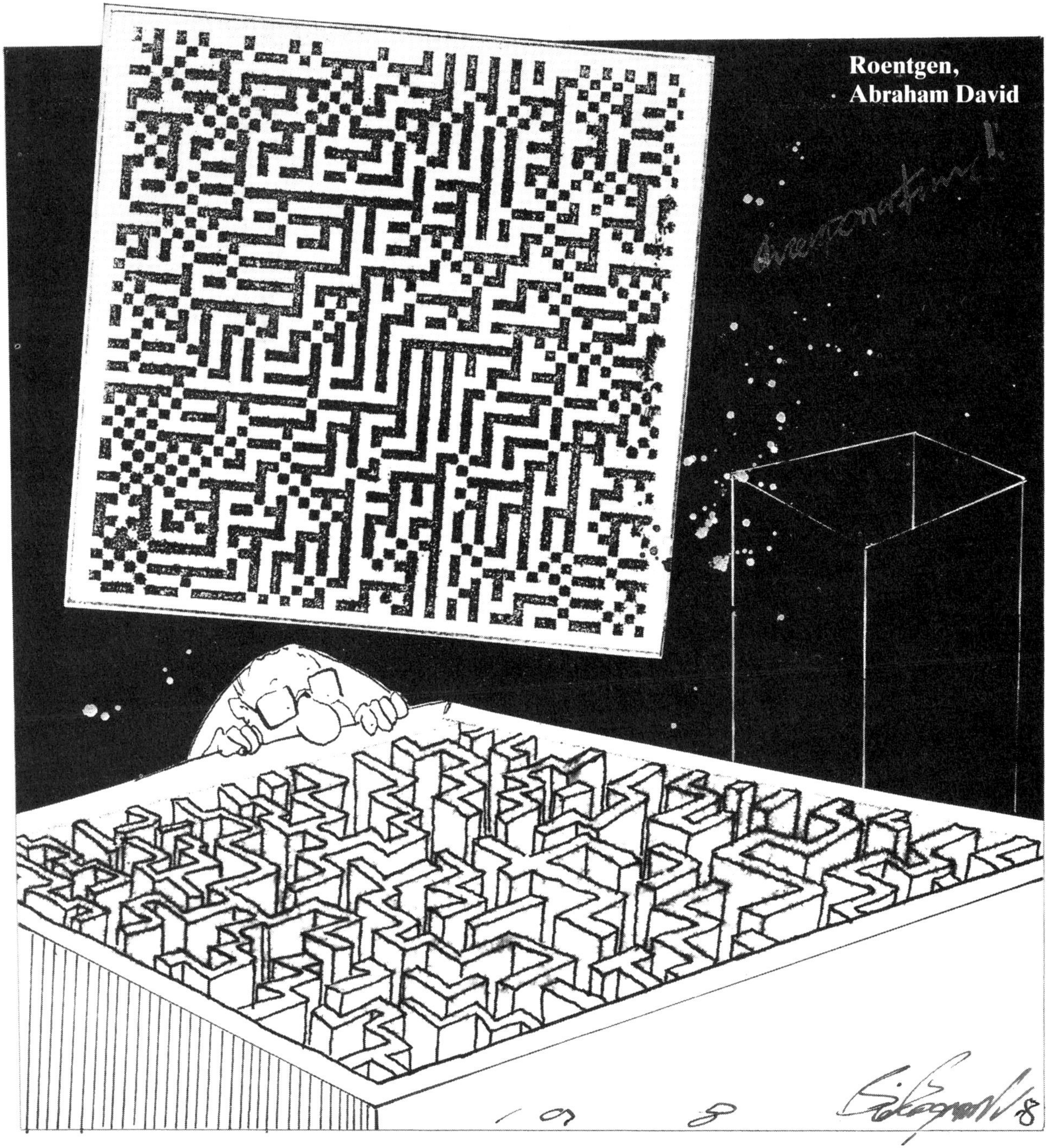
Roentgen,
Abraham David

Beuys, daß jeder Mensch ein Künstler ist, wurde durch die Kunstpuzzles eindrucksvoll bewiesen, darf doch jeder, der aus 5000 Teilen seine Mona Lisa (siehe dort!) zusammensetzt, sich als kleiner Leonardo fühlen.

R

Raffael	Name eines italienischen Kaugummis.
Récamière	Bettstatt der französischen Salondame Julie Récamier, auf der sie liegend die Gegner Napoleons empfing. Die R. ist somit der Vorläufer des Golfplatzes, auf dem seit Mitte des 19. Jahrhunderts alle wichtigen politischen Fragen entschieden werden.
Rembrandt van Rijn	Holländischer Nachtmensch, der vom Elektrokonzern Philips gesponsert wurde und deswegen immer Hell-Dunkel-Bilder malte.
Rockingham-Cottages	Die R. sind ca. 20 cm große Häuschen oder Burgen aus Porzellan oder Ton. Sie wurden im frühen 19. Jahrhundert in England modern, als sich im Zeichen der beginnenden Industrialisierung eine rasende Sehnsucht nach dem gesunden Landleben breitmachte. In den von Rauch und Parfum stinkenden Salons der besseren Gesellschaft dienten die R. besonders als Sparbüchsen, Kerzenhalter und Rauchverzehrer. 1840 kamen sie aus der Mode, und sie wurden durch kleine Arbeiterfiguren aus Knetmasse ersetzt, mit denen das Bürgertum sein Verständnis für die Belange der niederen Kreise bekundete.
Roentgen, Abraham David	Berühmter Kunsttischler aus Neuwied bei Koblenz. R. konstruierte luxuriöse Vielzweckmöbel mit labyrinthisch verzweigten Schubläden und Geheimfächern. Um ihr geheimnisvolles Innenleben zu erforschen, wurden später die Röntgenstrahlen erfunden.

Rotationsprinzip

Von Galeristen hochgeschätztes Mittel zur Zerstreuung und Eigenprofilierung. Das Spiel erfordert mehrere Mitspieler und erfreut sich besonders in Köln und New York großer Beliebtheit. Es geht so: Galerist J. ist nicht mehr zufrieden mit den Ausstellungsräumen in einer Altbauwohnung, die ihm plötzlich zu privat und zu apart vorkommen. Er wechselt in ein Edel-Hinterhaus. Dort ist Kollegin W. gerade ausgezogen. Sie kann sich neuerdings die Etage mit Noppenboden leisten, die Galerist H. gerade verlassen hat. H. residiert nun im eigenen Galeriebau mit Fußböden aus purem Stein. Die Halbtags-Galeristen Herta F.-B. und Wolfgang V.-B., denen der Verkauf von zwei Bildern in nur einem Monat zu Kopf gestiegen ist, verlassen ihr ehemaliges Wollstübchen, das sie mit viel Weiß zu einem Ausstellungsraum hergerichtet hatten. Sie wechseln in die Altbauwohnung von Galerist J.. In ihrem ehemaligen Wollstübchen etabliert sich ein Fingernagelstudio.

Rousseau, Henry

Französischer Zollbeamter, der sonntags Bilder malte und wegen seiner Naivität berühmt wurde. Mit 42 Jahren verließ R. im Jahr 1884 den Zolldienst, um nur noch Katzen mit Sonnenaufgang und Löwen mit Sonnenuntergang zu malen. Weil er aber immer wieder ausgelacht wurde, sehnte er sich oftmals zurück nach seiner alten Betätigung. Daraus erklärt sich sein Schlagwort „Zurück zum Zoll", das sich jeder angehende Künstler hinter die Ohren schreiben sollte.

Ruhm

Genießen die meisten Künstler nur ohne den Buchstaben h.

S

Säule

Maßnahme der Griechen, mit der sie das Waldsterben kompensieren wollten. Sie bauten drei Typen von Säulen: erst die dorische S., die

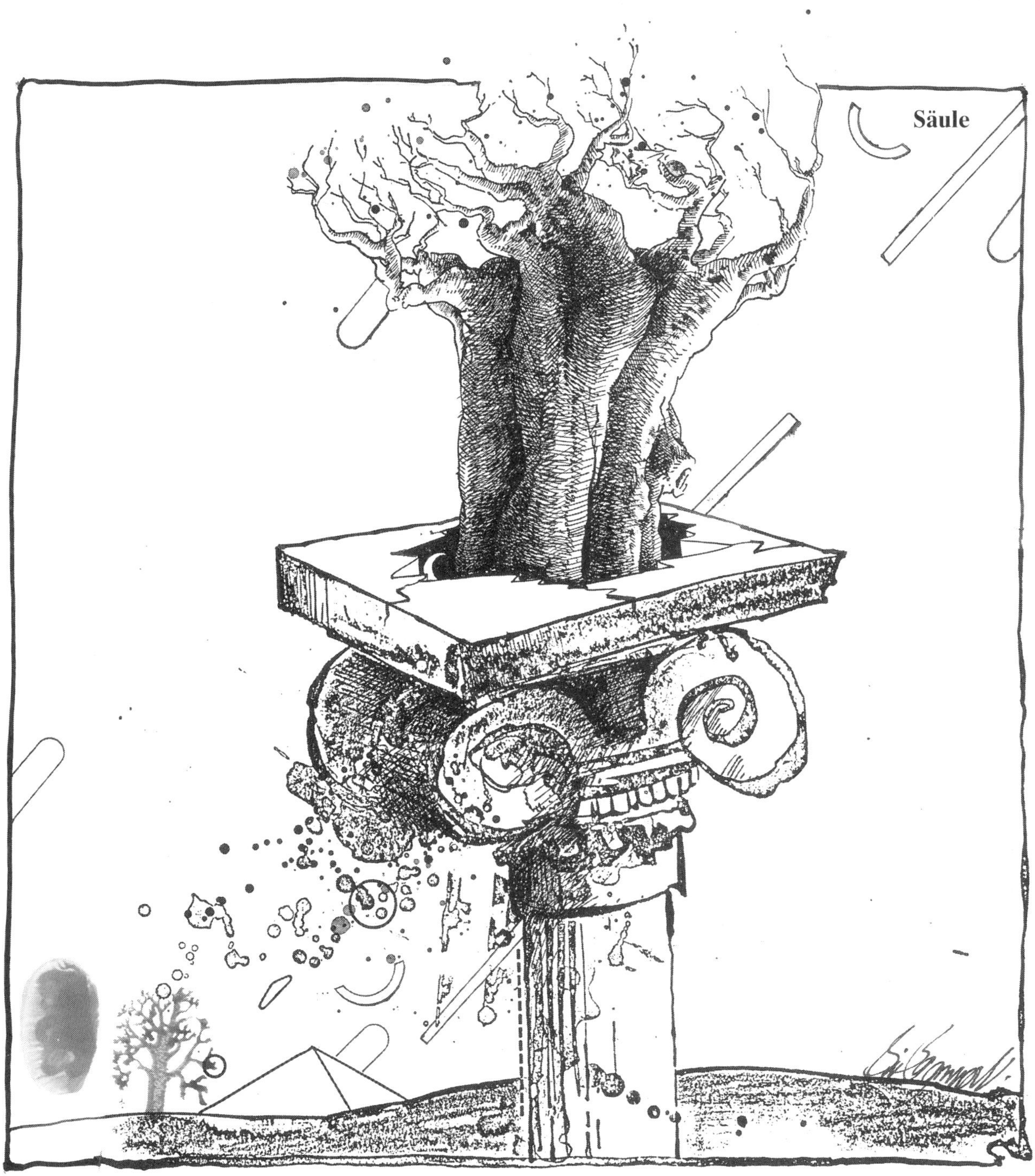
Säule

noch ganz schön plump aussah, dann die ionische, die schlank-ornamental daherkommt, und schließlich die korinthische, die mit ihrem vielen Weinlaub als Werbeträger für griechischen Wein fungierte. Als die Römer den Appenin abholzten, mußten auch sie Säulen bauen, sie erreichten aber in keiner Phase die Dichte des griechischen Säulenwalds. Auch die Christen benutzten Säulen, und zwar, um ihre Kathedralen draufzustellen. Außerdem ordneten sie die Säulen in Form von Kreuzgängen an, in denen Säulenheilige umherwandelten. In der Neuzeit wanderten die Säulen scharenweise nach Amerika aus, wo sie, mit Kapitälchen (siehe dort!) versehen, vor dem Weißen Haus und den Wohnanlagen von Kapitalisten aufgestellt wurden. In Europa erhielt sich die Form vornehmlich als Litfaßsäule. Erst die Postmoderne (siehe dort!) ließ die S. wiederauferstehen. So bestückte der österreichische Architekt Hans Hollein das Wiener Hauptpostamt mit lustig gemeinten Säulenreihen, und auch die Bahnhöfe der neuen Frankfurter U-Bahn sind vollgestopft mit goldigen Säulen, auf die Großstadt-Indianer Sprüche gegen das Waldsterben sprühen.

Säureangriff

Moderne Form der Bilderstürmerei (siehe dort!), von der nur der röhrende Hirsch verschont bleibt.

Scherenstuhl

Vorläufer des Campingstuhls, bekannt aus Antike, Mittelalter und Renaissance. Der Bedarf nach beweglichen Möbelstücken war in der Römerzeit, als massige Tempel und schwere Säulen (siehe dort!) die Sicht versperrten, genauso groß wie in der Renaissance mit ihren Kabinettschränken. In der heutigen Zeit der Luxusvorzelte mit 500-Liter-Kühlschränken hat der Campingstuhl mit frischem Streifendekor den Platz des Scherenstuhls eingenommen. Berühmte Beispiele aus der Vergangenheit sind der Typ „Dantesca“ mit vier gekreuzten Säulen und Ledersitz sowie der Typ „Savonarola“ mit hölzernem Sitz und kunstvoll verschachtelten Holzsäulen – ein Stuhl, der extrem leicht transportabel war und den Savonarola sogar zum Scheiterhaufen mitgenommen hat.

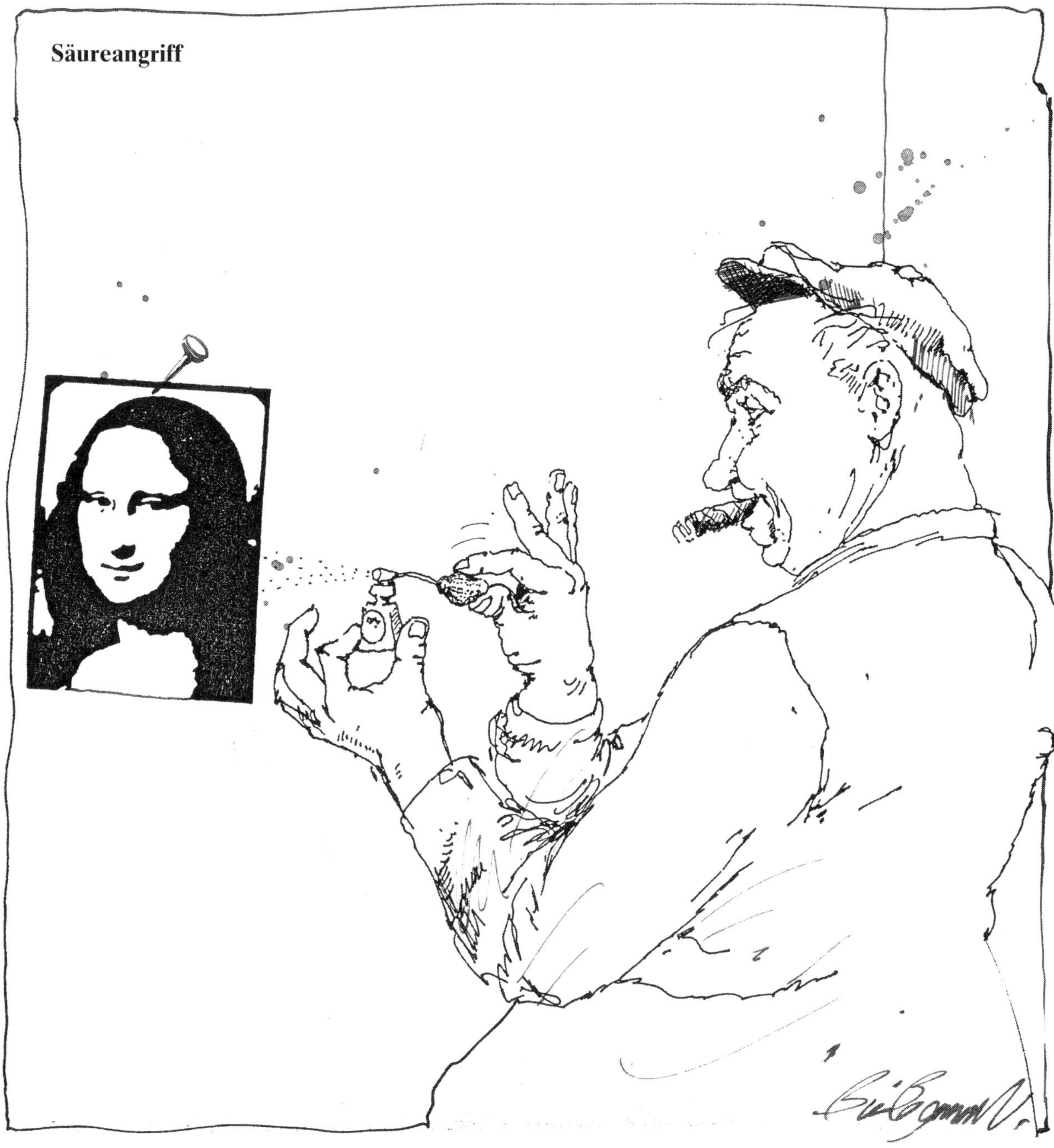
Säureangriff

Scherzgläser

1. 0,1-Liter-Weingläser, für deren Degustation in Edel-Steh-Freßschuppen DM 6,30 berappt werden müssen.
2. Gläser und Flaschen in Formen von Hunden, Bären, Pferden oder Dudelsäcken. Die S. wurden in der trinkfreudigen Renaissance eingeführt und riefen bald Sittenprediger auf den Plan. So wetterte 1589 einer von ihnen: „Uns Teutschen kann man die Trinkgeschirr nicht groß genug, sondern auch nicht schön und seltsam genug machen. Man trinkt aus Affen und Pfaffen, Mönch und Nonnen, Löwen und Bären, Straußen und Käuzen und aus dem Teufel selbst. Ich will und mag nichts sagen von den unflätigen Weinzapfen, die aus Kannen, Schüssel ... und gar auf eine sybaritische Weis aus der Matulis (= Nachtgeschirr) und Harnkachel einander zutrinken."

Prosit!

Schnabel, Julian

Ehemaliger Junggott am New Yorker Kunsthimmel. S. verkürzte den mühseligen amerikanischen Traumweg vom Tellerwäscher zum Millionär, indem er sonst übliche, aber zeitraubende Stationen wie Truckdriver, Tennislehrer, Krankenpfleger und Stripper ausließ und gleich mit Tellern, die er auf Leinwände klebte, zum Millionär wurde. Er leistete gleichzeitig einen erheblichen Beitrag zur Rekultivierung seiner amerikanischen Mitbürger und Mitbürgerinnen, weil er ihnen Teller und Tassen aus echtem Steingut und Porzellan auf seinen Kolossalschinken servierte.

Schöpferische Pause

Altertümlicher Ausdruck für Arbeitsstörung (siehe dort!).

Schönes Geld

Einkünfte erfolgreicher Künstler.

Schrotkugeln

Geschosse, mit denen italienische Antiquitätenfälscher ihre frisch hergestellten Machwerke durchlöchern, um ihnen ein wurmstichiges Äußeres zu verleihen.

Schönes Geld

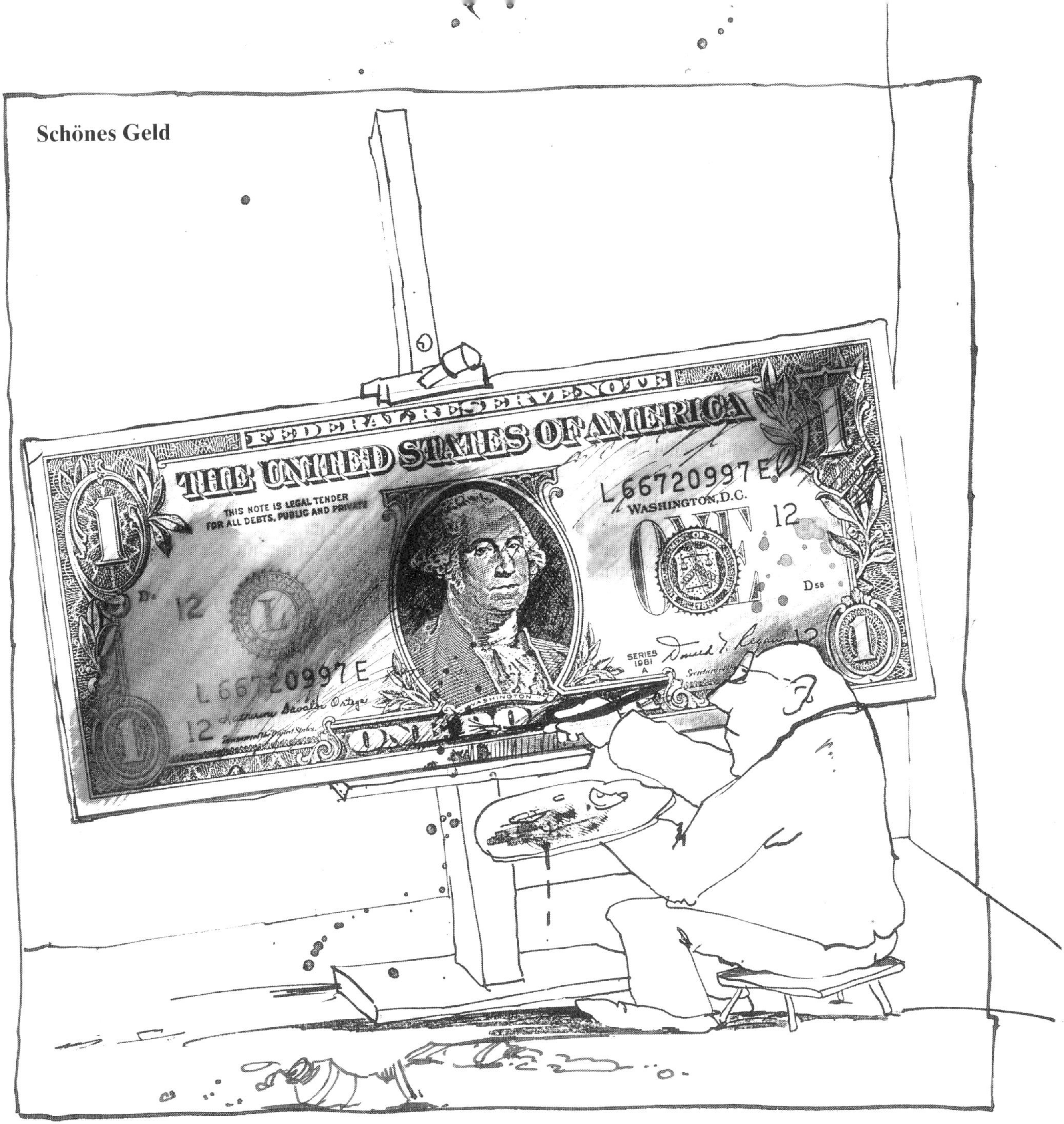

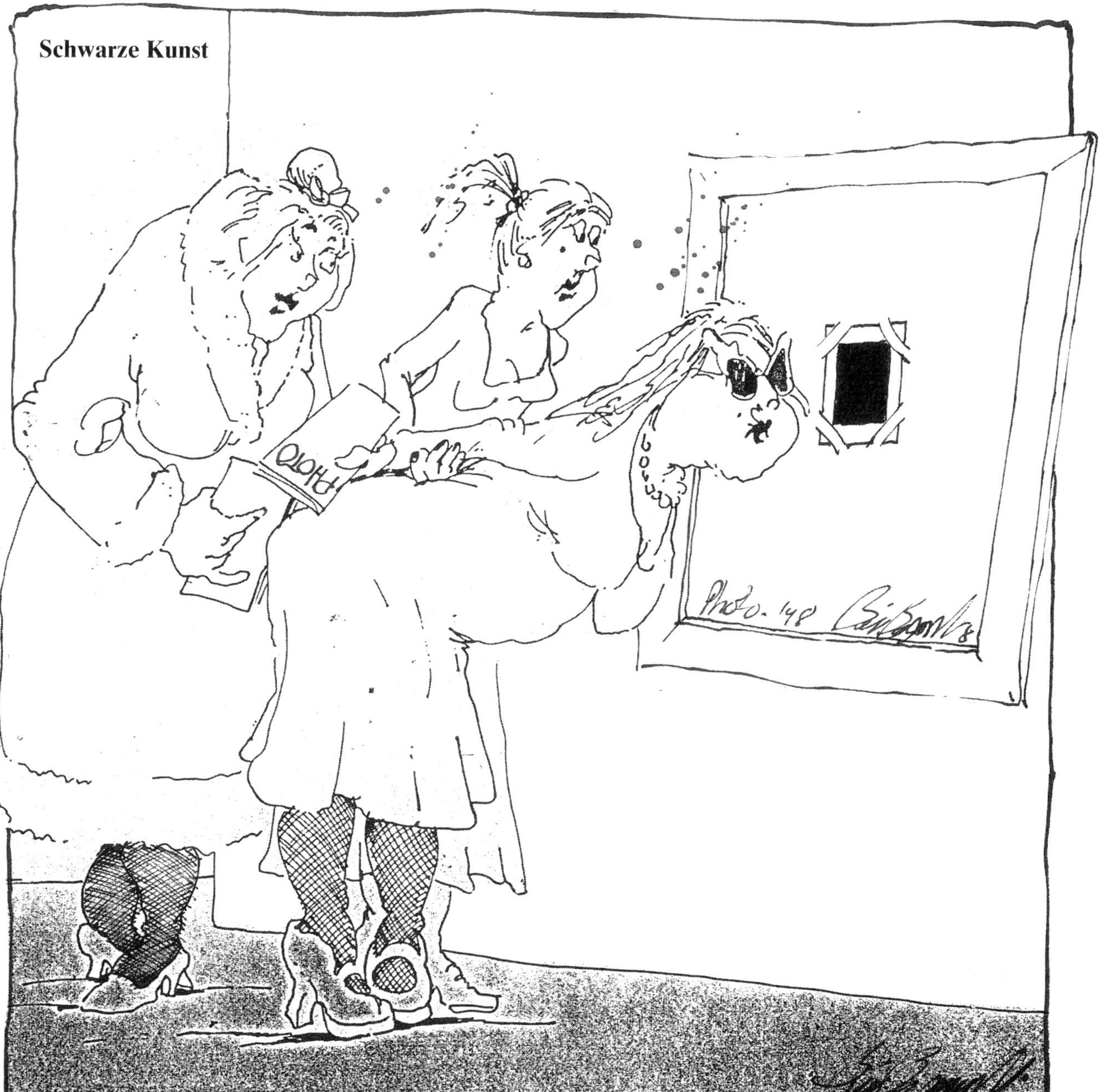

Schwarze Kunst

Schule — Die S. ist der Ort, wo sich alle Künstler (siehe dort!) als sogenannte Kunsterzieher wiederfinden, die den Eignungstest fürs Irrenhaus (siehe dort!) nicht bestanden haben.

Schutt — Überreste der griechischen Kultstätten in Delphi und Epidauros, in denen andächtige Kulturtouristen herumwaten und sich aus Reiseführern vorlesen, was das wohl alles zu bedeuten hat. Noch andächtiger freilich lesen sie sich danach die Speisekarte in einem der umliegenden Abfütterungsschuppen vor. Was das da alles zu bedeuten hat, merken sie allerdings erst, wenn sie den Teller voller Öl bekommen, in dem ein antikes Hackfleischbällchen total ionisch herumschwimmt.

Schwarze Kunst — Entsteht, wenn man vergessen hat, das Käppchen von der Kameralinse zu nehmen.

Sekretär — Der S. ist ein unverzichtbarer Bestandteil gehobener Lebensart. Leider sind heute nur noch wenige junge Männer bereit, sich elfenbeinerne Intarsien verpassen zu lassen.

Skelett — Bevorzugtes Demonstrationsobjekt der Bauhaus-Theoretiker bei ihren Vorträgen vor Architekturstudenten. Mit dem S., das einen Totenkopf in Würfelform trug, wollten sie das Wesen der künftigen Architektur verdeutlichen, die ihrer Ansicht nach allen Verführungen des Fleisches entsagen sollte (siehe auch Bauhaus!).

Software — Spezialität des amerikanischen Popkünstlers Claes Oldenburg. Der Weichling schuf zum Beispiel aus Kunststoff oder Leinen elastische Waschbecken, Staubsauger und Schreibmaschinen. Berühmt sind auch sein Knäckebrot-Spielfeld und seine Kuchentheke aus Nesselstoff.

Sphinx — Antikes Fabelwesen mit Menschenkopf und Löwenkörper. Durch unlösbare Rätsel und unverständliche Fragen brachte die S. zahlrei-

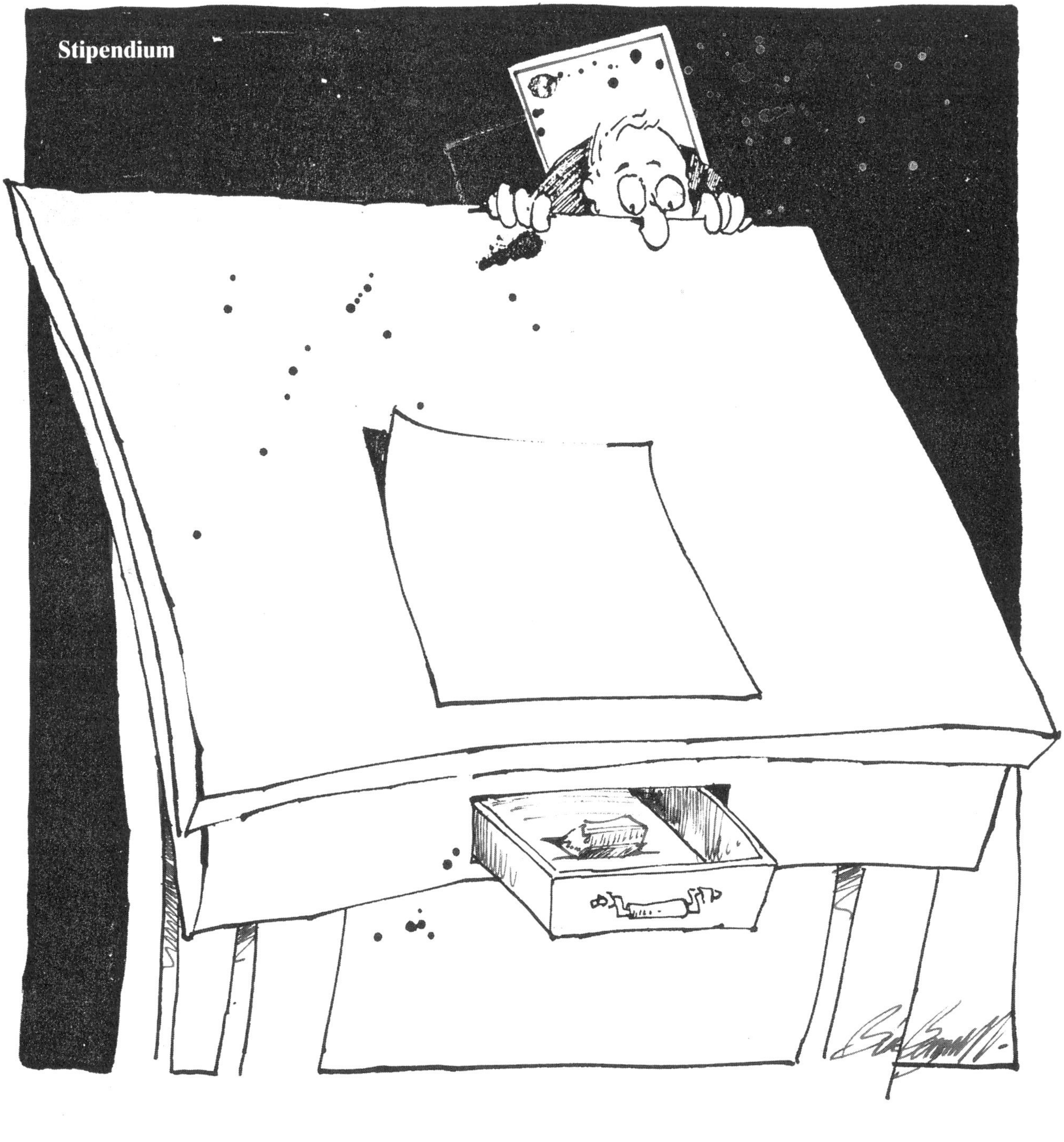
Stipendium

che Menschen um Glück und Verstand, deren Nachfahren heute am Computer (siehe Fröhliches Wörterbuch Computer!) das gleiche Schicksal erleiden (siehe auch Wolpertinger!).

Spielkarten

Auch Teufels-Gebetbuch genannt. Die S. wurden von der Gattin eines indischen Maharadschas erfunden, die ihren Mann vom Bartzupfen abbringen wollte. Um 1300 war das Kartenspielen auch in Europa zur Passion geworden. Die Kirche wetterte heftig gegen diesen Ungeist der Zeit, weil die sogenannten Briefmaler, die auch für kirchliche Andachtsbilder zuständig waren, das Malen von S. viel lustiger fanden. Heute hat sich die Kirche mit dem Teufelswerk abgefunden. „Lieber eine Andacht vor dem Kreuzbuben als gar keine Andacht mehr", soll ein hoher Kirchenmann dazu gesagt haben.

Staubfänger

Volkstümliche Bezeichnung für Antiquitäten. Zu unterscheiden sind folgende Objekte und Pflegeaccessoires:

a) Renaissanceschränke mit reichem Fassadenschmuck (Staubtuch, Wedel, Pinsel),
b) Barockrahmen und -kandelaber (Pinsel, Wattestäbchen),
c) Stutzuhren (Dachshaarpinsel, kräftige Lungen),
d) Rokoko-Konsoltische (Pinsel, Staubtuch, Wedel, Wattestäbchen, Domestos, Schnaps, Baumaxt).

Stipendium

Meistgebrauchtes lateinisches Wort in Künstlerkreisen.

T

Tabernakelschrank

Üppig furniertes Angebermöbel mit Unterschrank, aufgesetztem Schreibfach, zahllosen Schubladen und einer verschließbaren Tür in der Mitte des Oberteils. Dieser Schrank riß im 18. Jahrhundert die Leute vom Hocker. Was mal in das spektakuläre Möbelstück reinkam, blieb verschwunden. So schrieb der Landgraf von Hessen-Homburg an Klopstock: „Ich habe so einen Schreibtisch, den man den gothischen nennt, so da was hineinkommt, für verlohren gehalten wird, und wo es auch geniert, wenn ich drinnen suchen soll".

Tätowierung — Archaischer Ursprung aller Malerei. Frühester Beweis dafür, daß alles Große mit Schmerz erkauft werden muß.

Tallboy — Hochbeiniger englischer Sekretär in schlichter Linienführung, der schon um 1715 bei Queen Anne beliebt war und auch heute noch britische Regierungschefinnen entzückt.

Tölzer Bauernmöbel — Sie sind ein wichtiges Ausstattungsrequisit für Fernsehkrimi-Produktionen, die im gehobenen Münchner Bürgertum spielen. Seit Anfang des 19. Jahrhunderts wurden die T. als Massenware hergestellt und hemmungslos mit leuchtend roten Blumen, Jesus- und Maria-Monogrammen sowie heiligen Herzen bemalt. Spätere Besitzer schämten sich dann wegen der bäuerlichen bunten Farben und pinselten Braun darüber. Heute schämen sich angehende Antiquitätensammler wegen der braunen Farbe. Die Möbel werden deswegen gnadenlos abgelaugt und in schonungsloser Nacktheit unter Halogenlämpchen präsentiert.

Toilettetisch — Möbel aus dem 18. Jahrhundert, auf dem Kämme, Handspiegel, Dosen und vieles mehr abgelegt wurden. Zur Zeit Louis-Quinzes entwickelten sich komplizierte Formen mit Klappelementen, Schubladen und versenkbaren Spiegeln. Toilettentische werden heute in der zeitgemäßen Resopal-Version zur Einrichtung von öffentlichen Toiletten verwendet, denn irgendwo muß die Untertasse für das Klogeld ja stehen.

Tomus-Schrank — Zierlicher, doch geräumiger Schrank aus dem 16. Jahrhundert zur Unterbringung der Fröhlichen Wörterbücher. Die noch heute gebräuchlichen Schränke wurden rasch überall beliebt, und schon

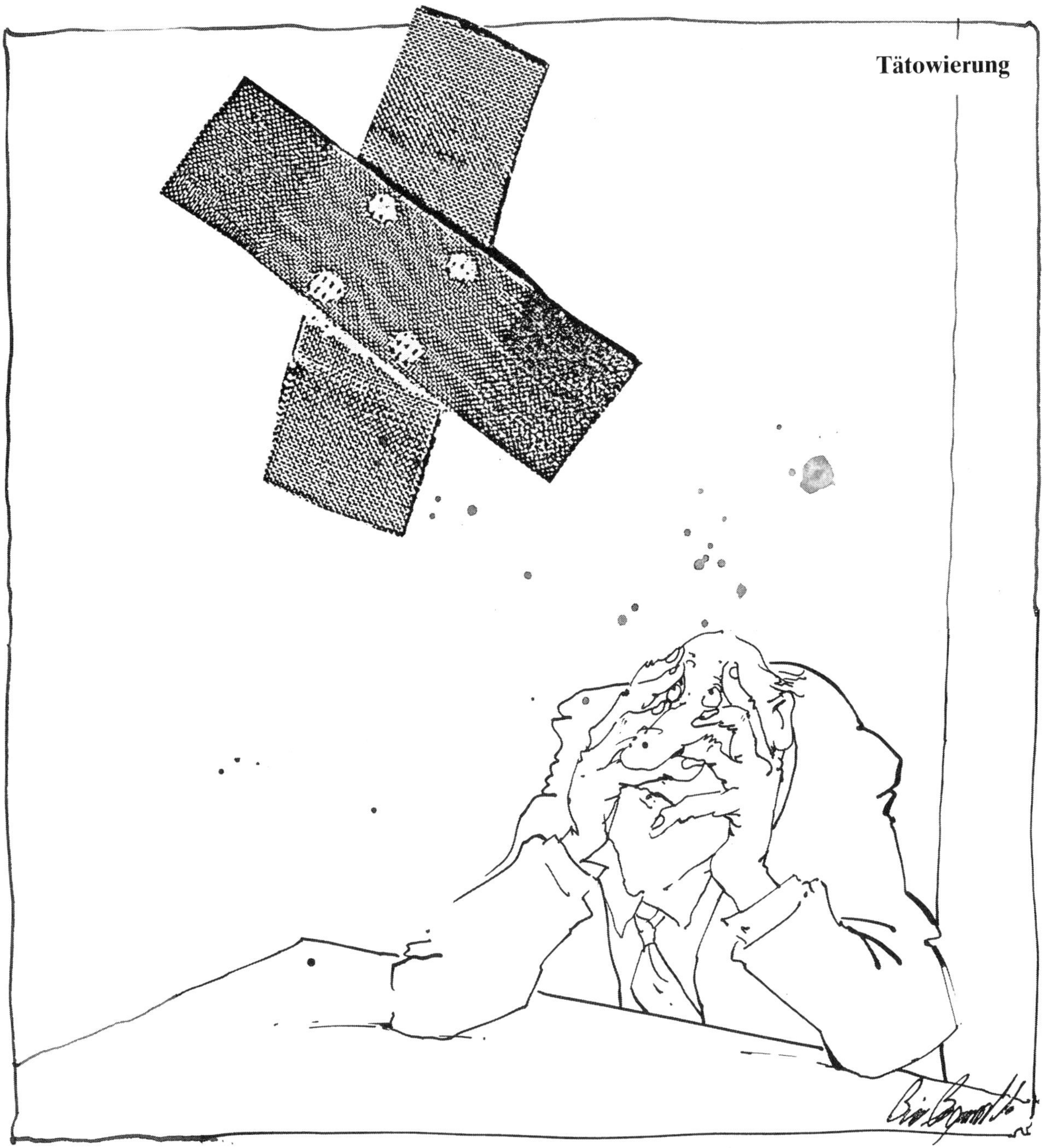
Tätowierung

Toulouse-Lautrec, Henri de

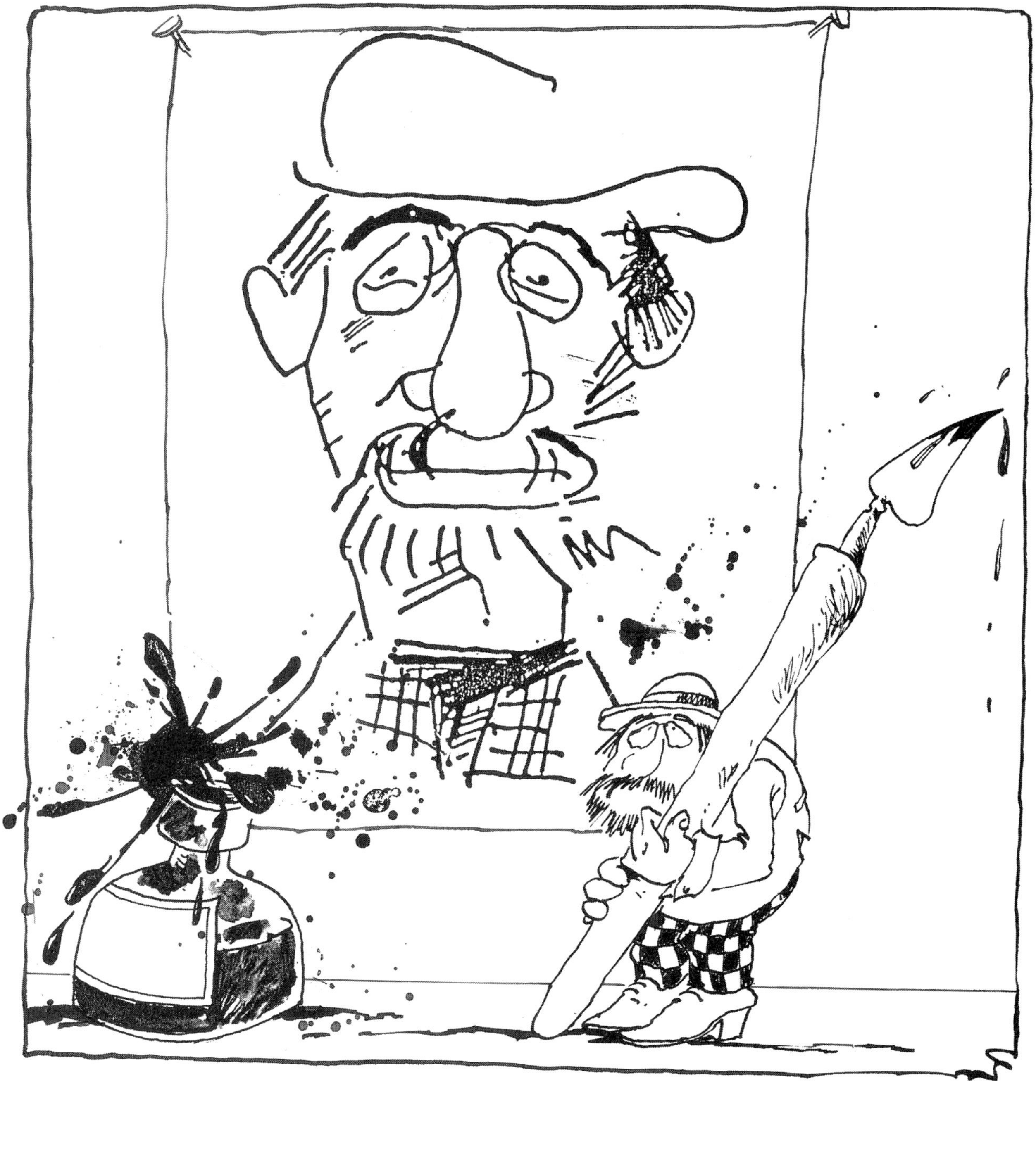

1541 schrieb ein zeitgenössischer Kulturbeobachter: „Überall in den Kemenathen sieht man jetzt diese putzigen Schräncklein stehen, darinnen bunte Büchlein gesammelt sind. Männlein wie Weiblein schöpfen daraus begierig Gelahrtheit und gar köstlich Aberwitz, den wir wohl brauchen können in einer Zeit verbissener Eiferer, stumpfer Fernsehgucker und nörgeliger Eckensteher."

Toscana Lieblingsreiseziel deutscher Werbegraphiker (siehe Ornamentstecher!), die dort scharenweise ausschwärmen, um die unverdorbene Schönheit der dortigen Ortschaften, Landschaften, Menschen und Saltimboccas auszukosten. Hat es ein Werbegraphiker zum Art Director (siehe dort!) gebracht, kauft er in der T. eine verfallene Schäferhütte, die er unter ungeheurem Aufwand restauriert, ehe sie während seiner Abwesenheit wieder in ihren ursprünglichen Zustand zurückversetzt wird.

Toulouse-Lautrec, Henri de Mitglied des französischen Hochadels. Er führte, da gehbehindert, stets einen mit Schnaps gefüllten Spazierstock mit sich, den er auch beim Zeichnen und beim Bordellbesuch niemals aus der Hand ließ.

Trembleuse Die T. gilt als Spezialtasse für Hallig Hooge: die Untertasse ist mit einer soliden Halterung ausgestattet, die einem angeheiterten Zeitgenossen auch nach 12 Pharisäern und bei Zitterstärke 8 noch Stabilität garantiert.

Trinkhorn Spätgermanisches Schimpfwort für Ehemann.

Trinkschiff Tafelaufsatz in Schiffsform aus der Zeit der Renaissance und des Barocks. Das T. wurde mit Wein gefüllt und diente als Trinkgefäß. Es gilt als norddeutsche Konkurrenzentwicklung zum Champagnerpumps der Franzosen.

Triptychon Frommer Dreier aus dem Mittelalter.

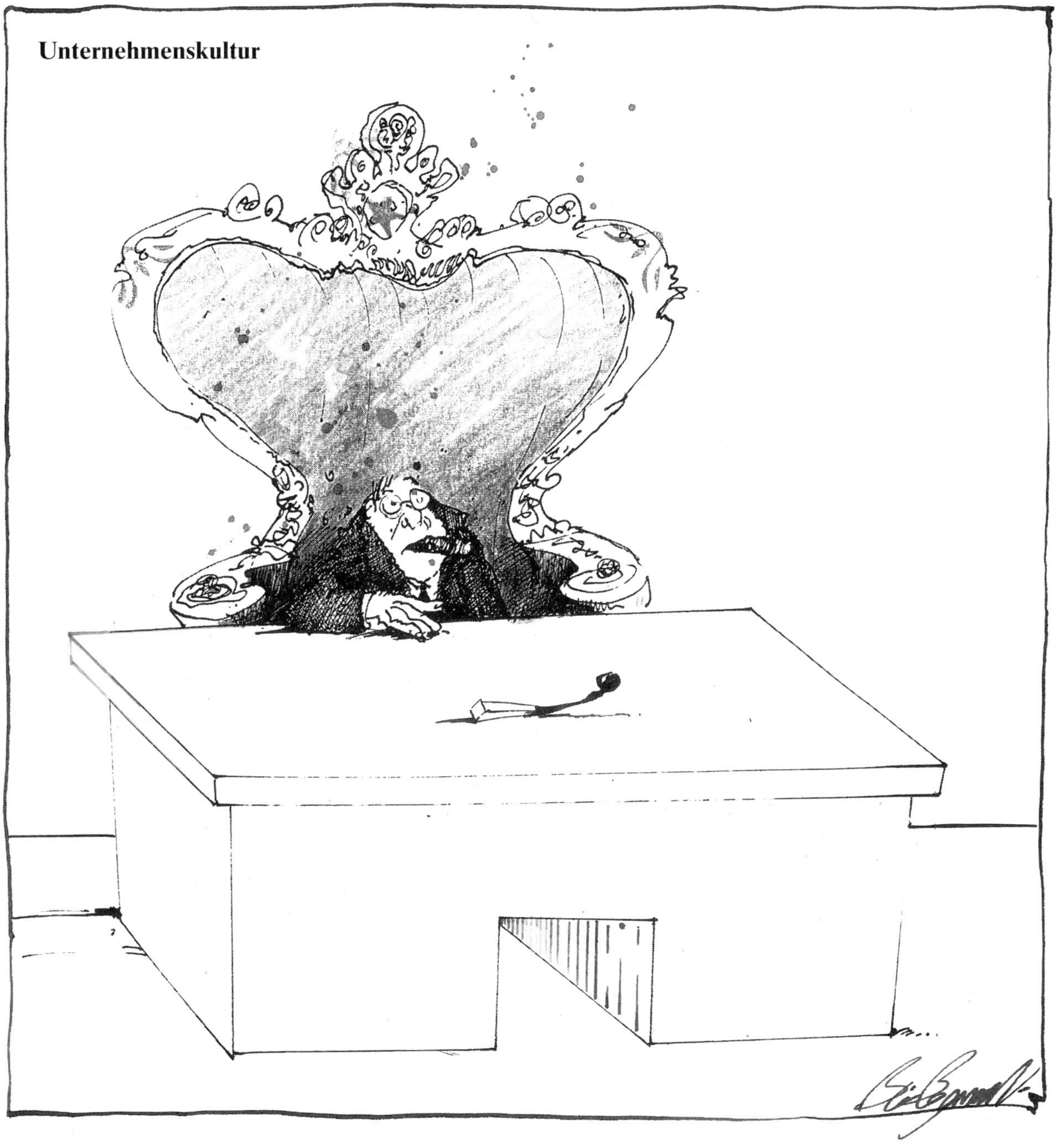

Unternehmenskultur

Trompe-l'oeil Revueschritt der Pariser Lidotänzerinnen, bei dem diese die Beine und die Betrachter einen 1000-Franc-Schein heben.

Truhe Sargähnliches Möbel, das Bauernbräuten als Symbol ihres künftigen Lebens mit auf den Weg gegeben wurde.

U

Unternehmenskultur Mißverständliche Übersetzung aus dem amerikanischen „Corporate Culture", was in den USA so viel wie Unternehmensverhalten bedeutet. Infolge der Übersetzung meinen neuerdings die deutschen Unternehmen, daß sie Kultur hätten. Diese Kultur belegen sie damit, daß schon der Firmengründer ein Sofa hatte. Außerdem hängen sie ihre Büros mit Bildern voll, die sie nicht verstehen. Unternehmen, die den Übersetzungsfehler entlarvt haben, sehen die Sache allerdings prosaischer und verweisen auf die Stechuhr, die seit jeher den Geist des Unternehmens prägt.

V

Van Gogh, Vincent v. G. war ein holländischer Pastorensohn, der als Angestellter im Kunsthandel und als Laienprediger startete. Als beides nicht klappte, wurde er Künstler. Seine produktivste Zeit hatte er in Südfrankreich, wo er Bilder von Menschen, Blumen und Brücken malte. Weil er sich verdammt einsam fühlte, wollte er mit dem malenden Aussteiger Paul Gauguin (siehe dort!) eine Wohngemeinschaft gründen. Nach einer Zecherei forderte der reinliche Holländer den Franzosen auf, die Gläser

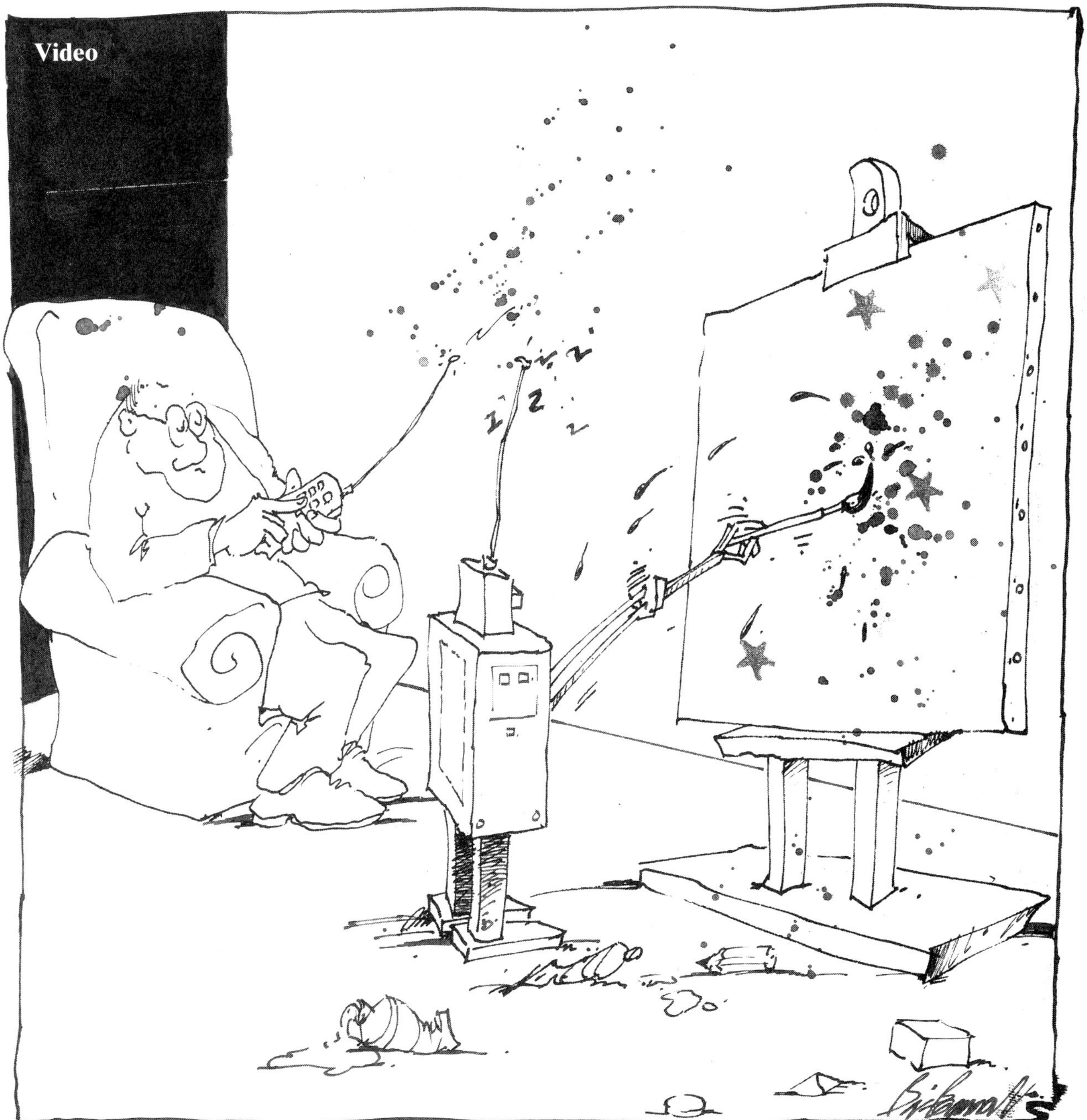
Video

zu spülen, wobei Gauguin ihm laut schreiend das Wort und van Gogh sich das Ohr abschnitt. Gauguin reiste daraufhin in die Südsee zu den Hula-Hula-Mädchen. V. G. schenkte sein Ohr weiter und malte alsdann mit solcher Inbrunst, daß er darüber den Verstand verlor. Von seinen damaligen Einkünften hätte er sich nicht mal die Eintrittskarte zur Präsentation seines berühmten Sonnenblumenbildes in Japan leisten können.

Vernissage Eröffnung einer Kunstausstellung vor geladenen Gästen, die bei der Gelegenheit tüchtig lackiert werden.

Verscherbeln Größtes Problem des Künstlers ist das V.. Am besten wurde es von dem Simplicissimus-Karikaturisten Olaf Gulbransson auf den Begriff gebracht, der einem seufzenden Sonntagsmaler folgende Worte in den Mund legte: „Ach, hätte ich auf der Akademie doch nicht Malen, sondern Verkaufen gelernt!“

Video Neues Medium für Künstler, die nicht malen können und dennoch ewigen Ruhm (siehe dort!) ersehnen. Sie verwirklichen sich nach dem Motto „video, ergo sum“.

Voltaire Der V., ein niedriger Polstersessel mit hoher verstellbarer Lehne, wurde um 1750 in Frankreich entworfen. Wegen seiner extremen Unbequemlichkeit wurde er auch „Fauteuil du malade“ genannt. Der Philosoph Voltaire ging sogar so weit, in dem Sessel zu sterben, was dem Möbel auch den entsprechenden Namen einbrachte.

Vormittag Begriff, den der Kunststudent nur noch aus dem Fremdsprachenunterricht kennt.

Voyeuse Polsterstuhl, der im 18. Jahrhundert in den französischen Salons populär wurde. Die V. diente vornehmlich den Herren des niederen Adels, die sich rittlings darauf setzten, um anderen in die Karten zu gucken. Neuerdings versuchen Feministinnen, den aus der Mode gekommenen Begriff wiederzubeleben, um den unterdrückten Rechten lüsterner Frauen Geltung zu verschaffen.

W

Werther-Porzellan

Porzellanmode, die um 1777 aufkam, nachdem Goethes „Werther" erschienen war. Die Werther-Täßchen und Werther-Tellerchen zeigten vorzugsweise Bilder des Leidensmanns, wie er der angebeteten Lotte den Fuß küßt, wie er sich vom Rivalen Albert die Pistolen reichen läßt und wie er sich damit die Kugel gibt. Selbstmörder, die Werther nachfolgten, pflegten mit dem Fan-Service ihre letzte Mahlzeit zu bestreiten. Das W. gilt als erste umfassende Vermarktungs-Offensive der Neuzeit: Die Dallas-Kleiderkollektion, das Davidoff-Parfum und das Daimler-Benz-Sideboard wären ohne die Leiden des jungen Werther undenkbar.

What-not

Rollregal mit Schublade, in England zwischen 1800 und 1830 beliebt. Es konnte mit einem „that-not" und einem „what's-that" zum Dreisatztisch „My-God" zusammengesetzt werden.

William and Mary

Mit W. und M. wird eine englische Stilepoche zwischen 1689 und 1702 bezeichnet, in der das Walnußholz zu ungeahnter Blüte kam. Plötzlich gab es Walnußschränke, Walnußwiegen, Walnußkutschen und für den Nippesschrank Walnußelefanten und Walnußjungfrauen. Walnußsuppen und Walnußragouts trugen zur Bereicherung der englischen Küche bei. Zu den berühmtesten Walnußessern jener Epoche zählten Wilhelm v. Oranien, Statthalter der Niederlande, und seine Frau Maria Stuart, der später wegen einer nur halb aufgegessenen Walnuß der Prozeß gemacht wurde.

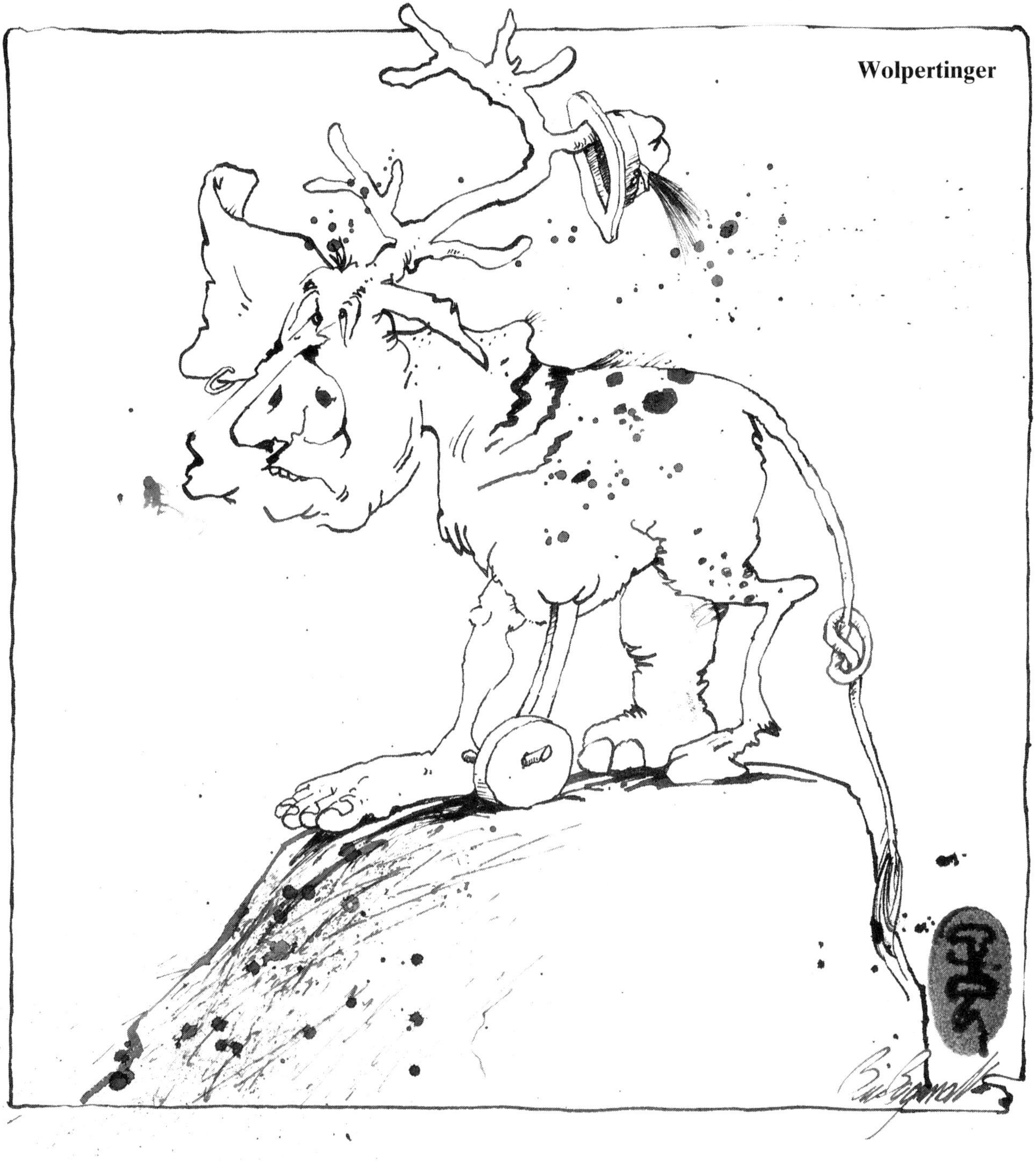

Wolpertinger

Wolpertinger

Wald- und Wiesenungeheuer aus dem Bayerischen. Das Zwergmonster, das aus unterschiedlichen Vier-, Zwei- und Keinbeinerteilen zusammengesetzt ist, vermittelt den Wolpertingerfreunden die utopische Version des benzinspendenden Wollmilchschweins. Von Preußen allerdings wird der W. als Degenerationserscheinung der Sphinx (siehe dort!) geschmäht.

Worpswede

Ort im Teufelsmoor, wo aus Wahrheit, Würsten und Vibrationen göttliche Kunstwerke geschaffen werden.

Y

Yves, le monochrome

Der einfarbige Yves, auch Yves Klein genannt, war ein Mann, der den Blues hatte. Deshalb erfand er in den 50er Jahren des 20. Jahrhunderts das IKB (Internationales Yves Klein Blau).

Z

Zinnsoldaten

Die niedlichen Figürchen waren schon in der Antike bekannt. Seit dem 16. Jahrhundert marschierten sie massenweise in die Wohnstuben ein. Entsprechend dem Puppenhaus für Mädchen sind die Z. das erste Spielzeug, das den Jungen zeigt, was sie in Zukunft erwartet.

Zopfstil

Haartracht des 18. Jahrhunderts, die zum Beispiel Goethe und Schiller zierte. Prominentester Portraitist des Zopfstils war der Graphiker und Maler Chodowiecki. Er verewigte den Z. als Markenzeichen eines ganzen Zeitalters. In der französischen Revolution freilich hieß

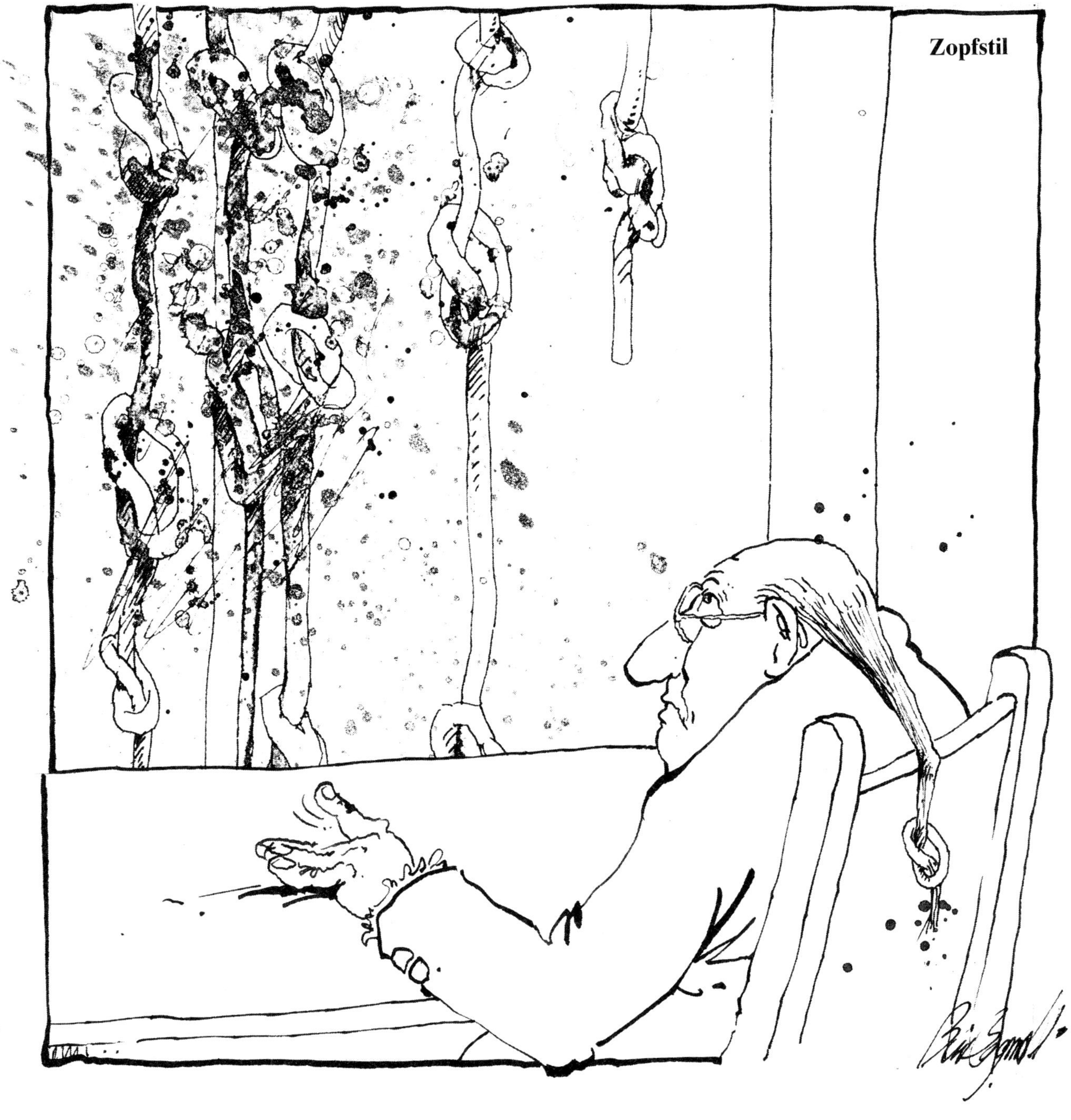
Zopfstil

es „Wir schneiden die alten Zöpfe ab“, wobei dann durch einen Übermittlungsfehler aus den Zöpfen gleich ganze Köpfe wurden.

Zyklopen

Einäugige Baumeister der Antike. Die Z. schichteten gigantische Steinquader auf und bereiteten damit das Bauhaus (siehe dort!) und die Neue Heimat vor.

Zylinderbureau

Im 18. Jahrhundert ein Schreibtisch, der durch einen Halb- oder Viertelzylinder verschlossen wurde. Im 20. Jahrhundert der mit Kühlschrank und Playboy-Heften bestückte Zwölfzylinder eines völlig überarbeiteten Managers (siehe Fröhliches Wörterbuch Management!).

Zyklopen

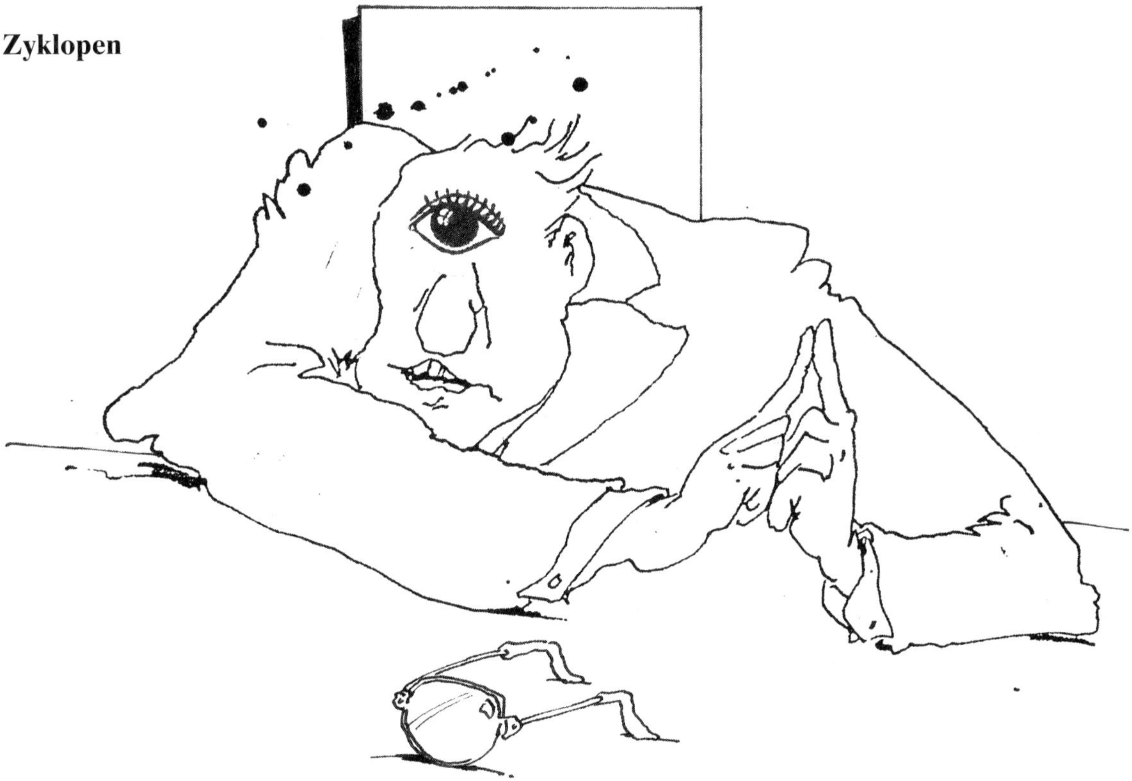

Fröh·li·che Wör·ter·bü·cher von A bis Z

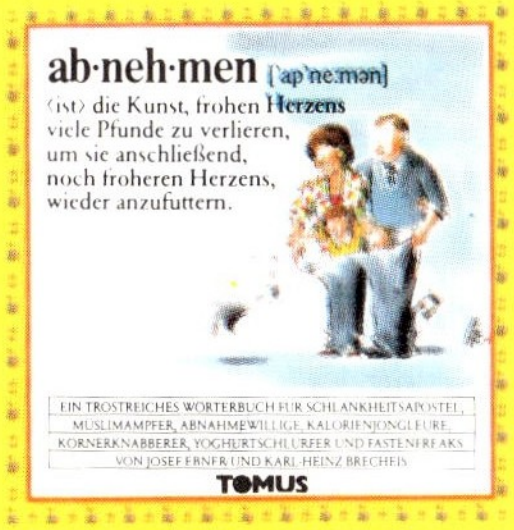

ISBN 3–8231–0135–8

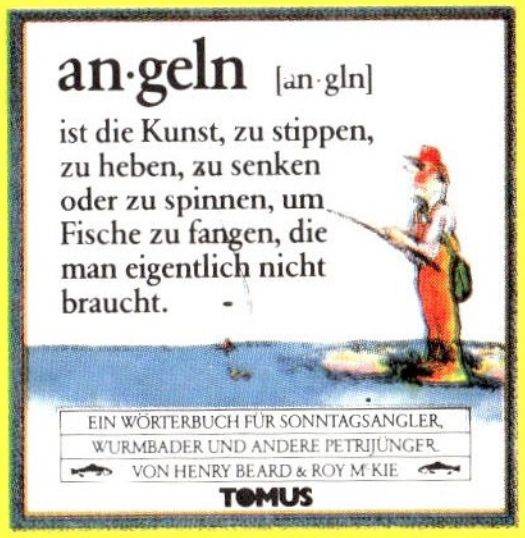

ISBN 3–8231–0126–9

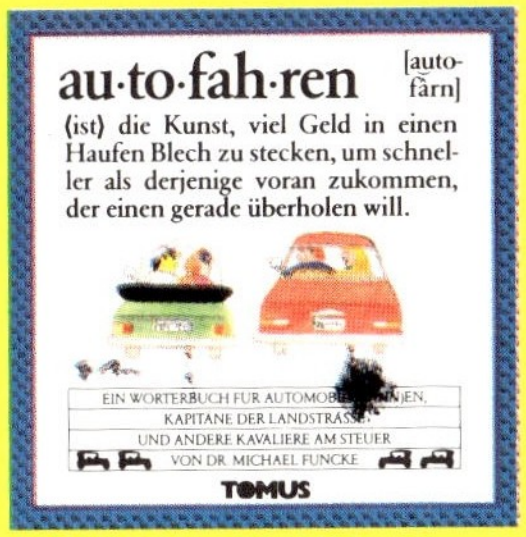

ISBN 3–8231–0127–7

Jeder Band hat 96 S. und ca. 45 Karikaturen

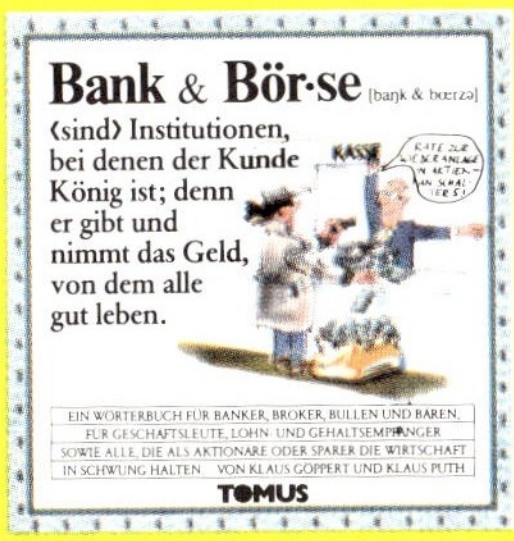

ISBN 3–8231–0139–0

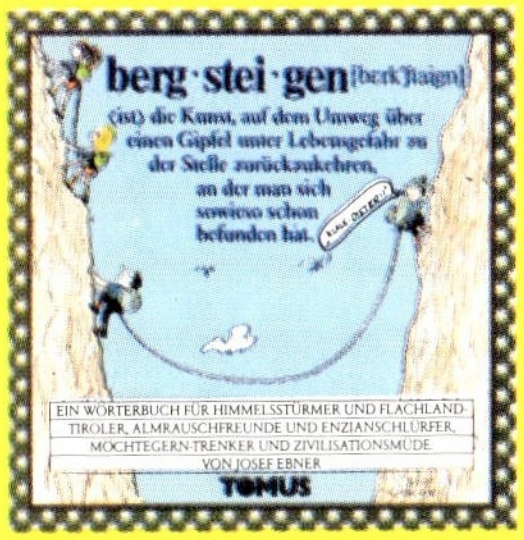

ISBN 3–8231–0116–1

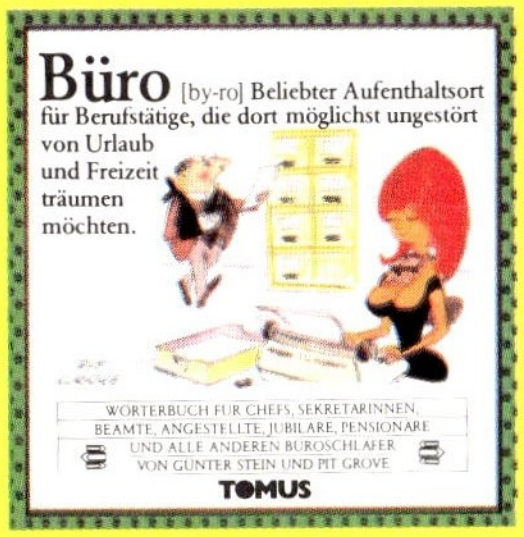

ISBN 3–8231–0105–6

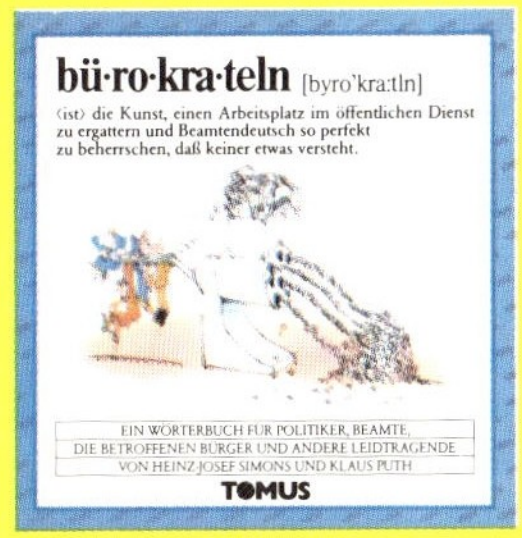

ISBN 3–8231–0138–2

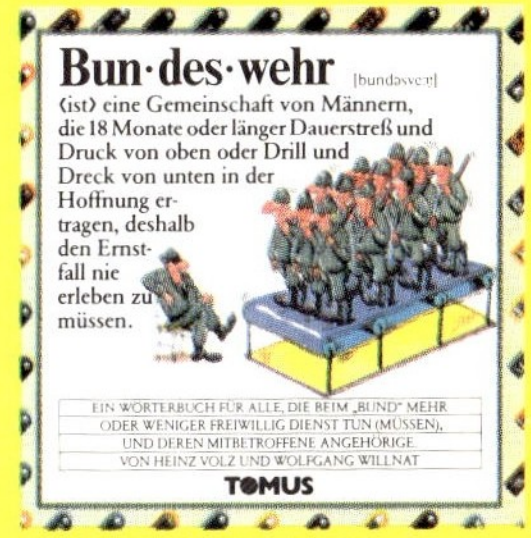

ISBN 3–8231–0136–6

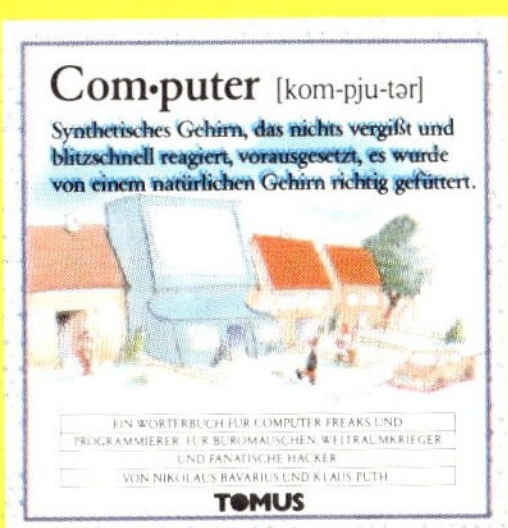

ISBN 3–8231–0110–2

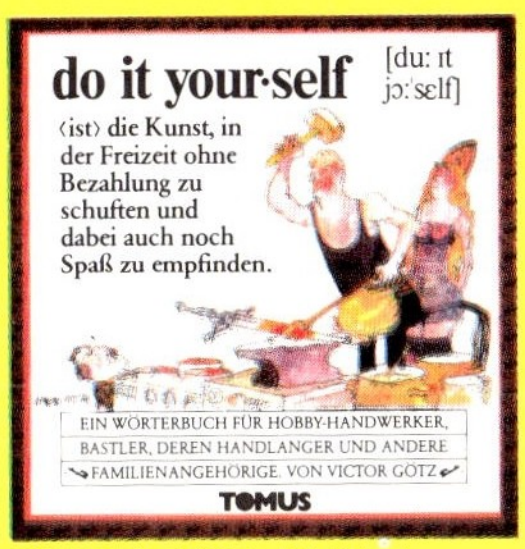

ISBN 3–8231–0101–3

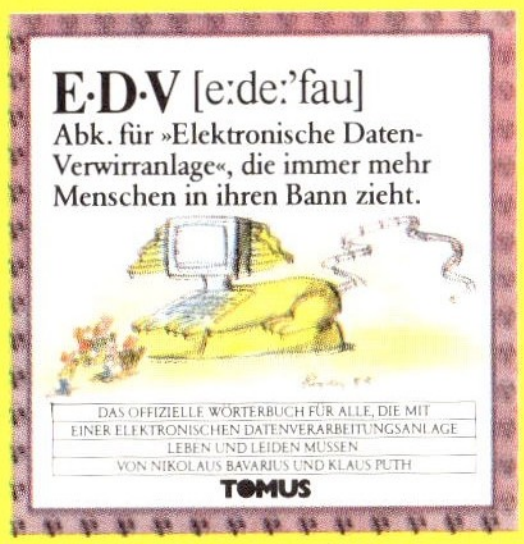

ISBN 3–8231–0120–X

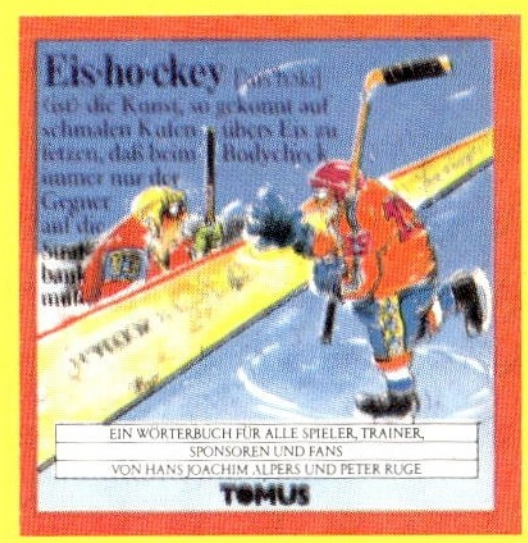

ISBN 3–8231–0137–4

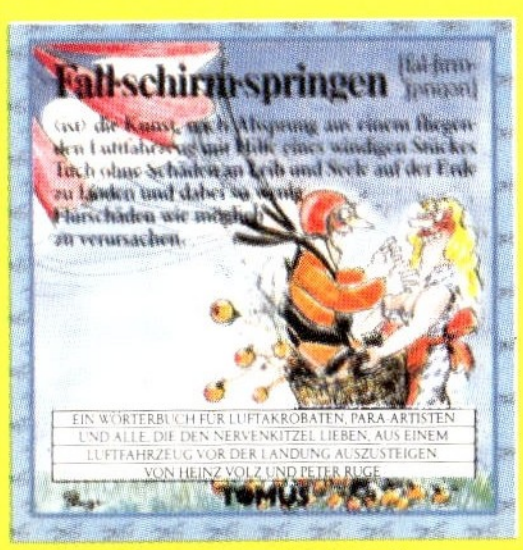

ISBN 3–8231–0121–8

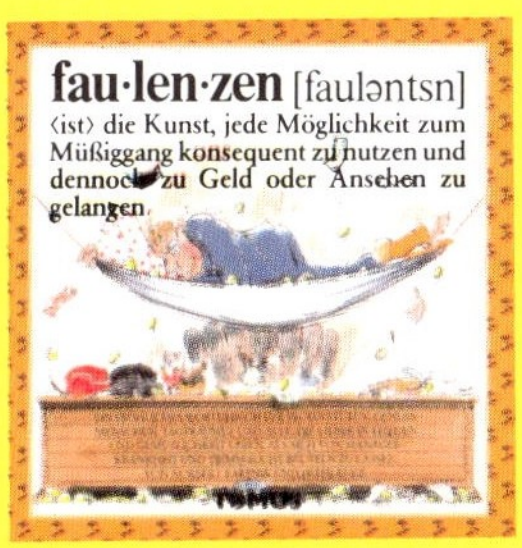

ISBN 3–8231–0152–8

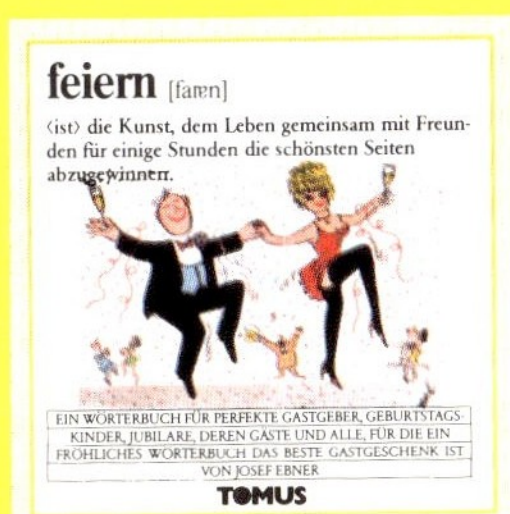

ISBN 3–8231–0122–6

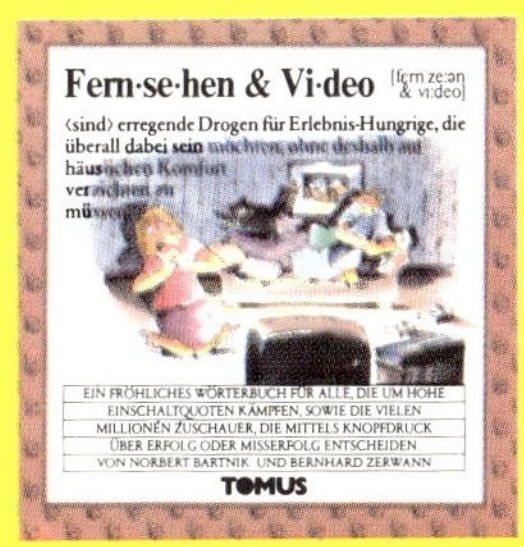

ISBN 3–8231–0144–7

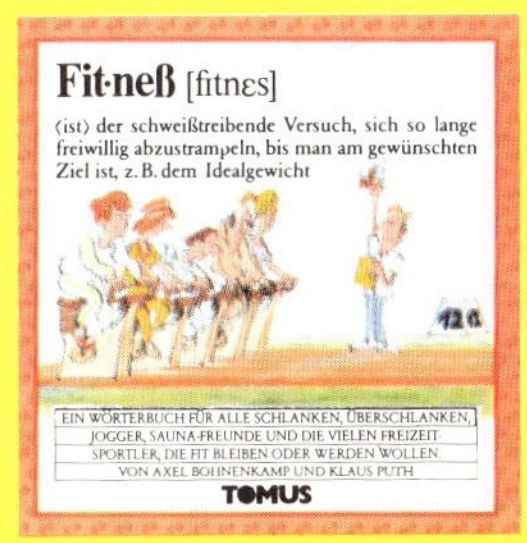

ISBN 3–8231–0114–5

TOMUS-Bücher

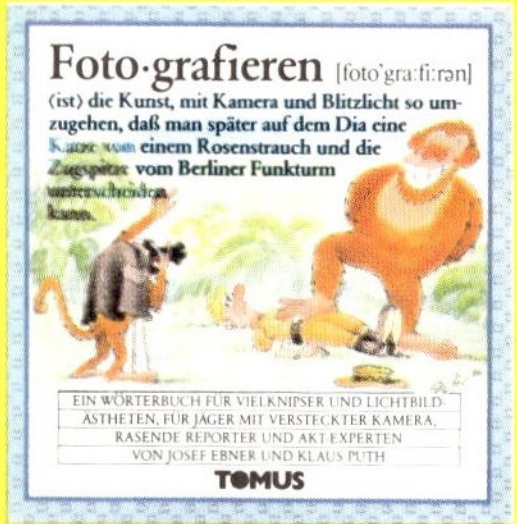

ISBN 3–8231–0113–7

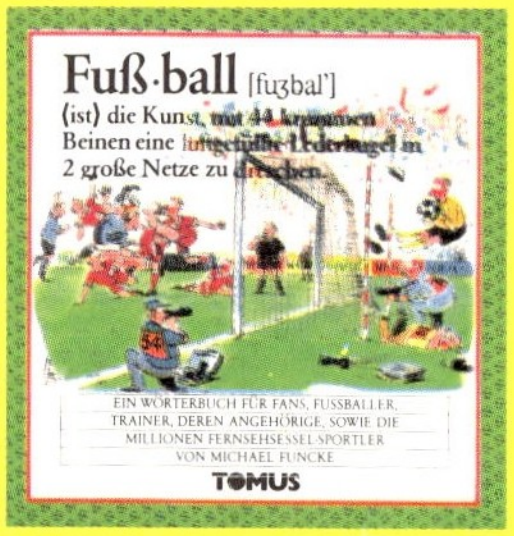

ISBN 3–8231–0107–2

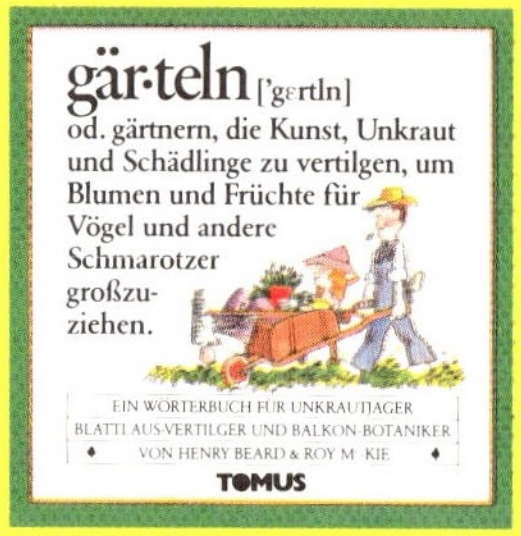

ISBN 3–8231–0128–5

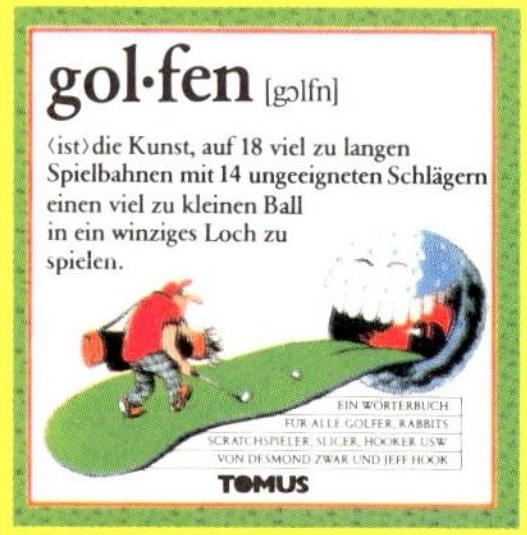

ISBN 3–8231–0112–9

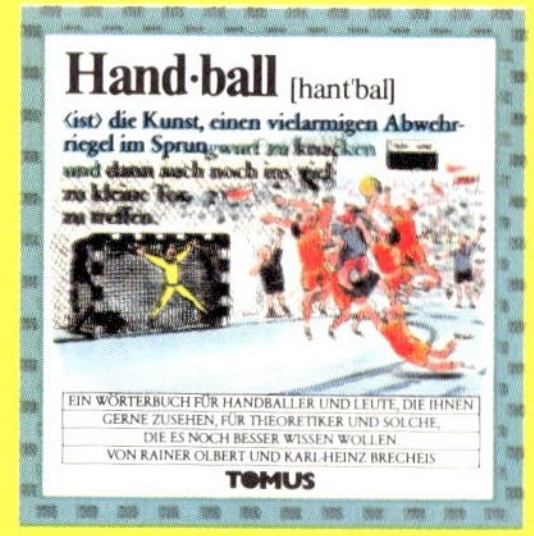

ISBN 3–8231–0149–8

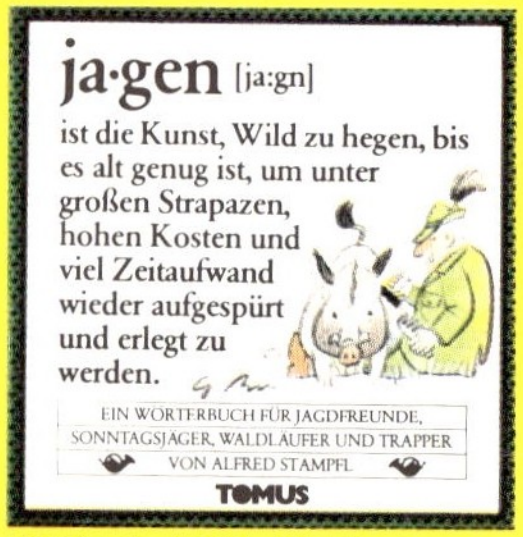

ISBN 3–8231–0129–3

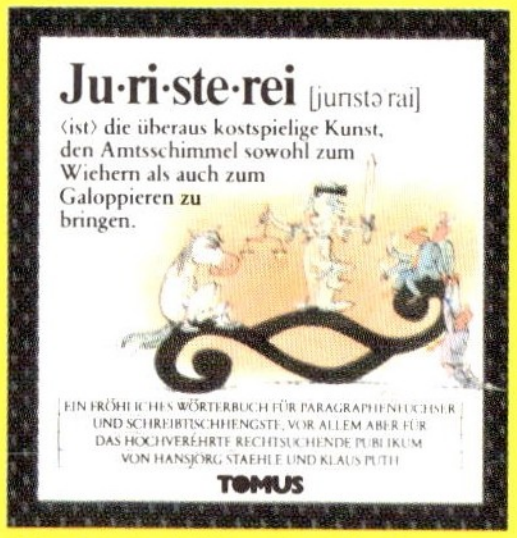

ISBN 3–8231–0143–9

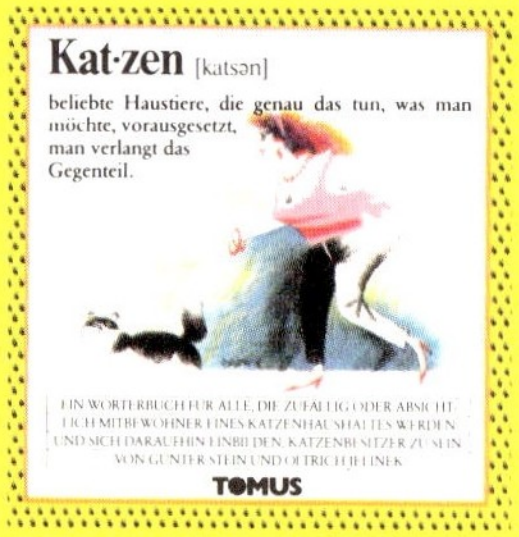

ISBN 3–8231–0119–6

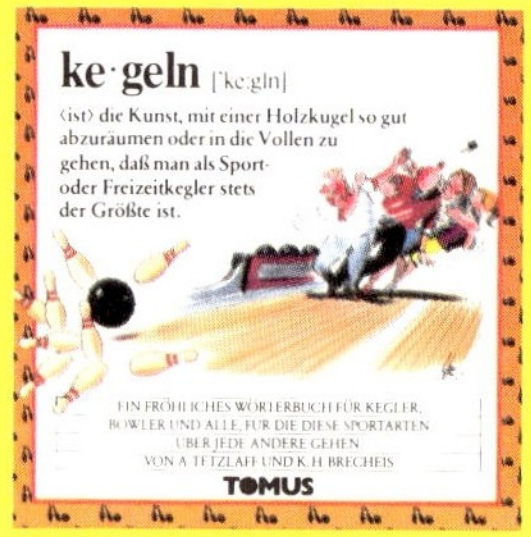

ISBN 3–8231–0123–4

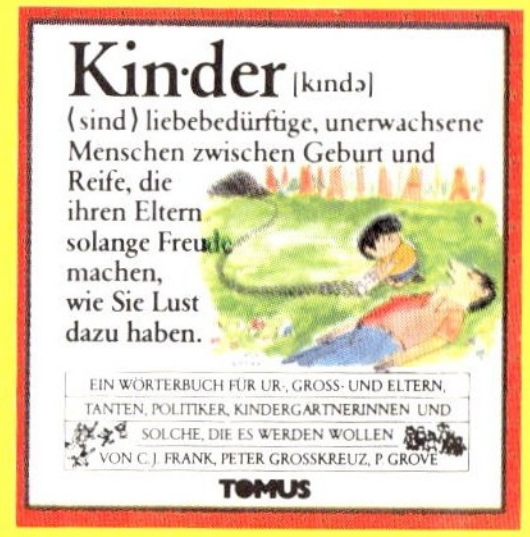

ISBN 3–8231–0134–X

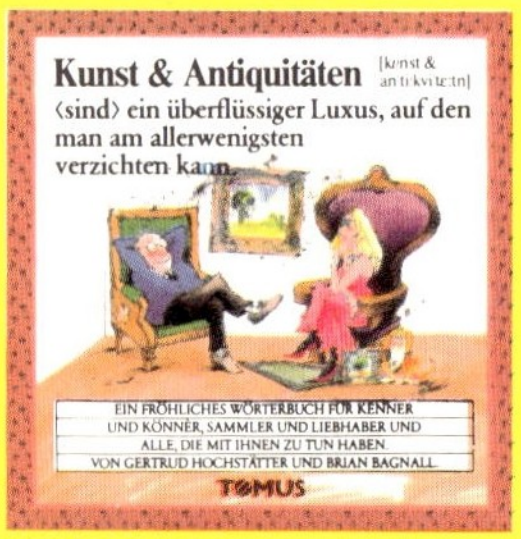

ISBN 3–8231–0154–4

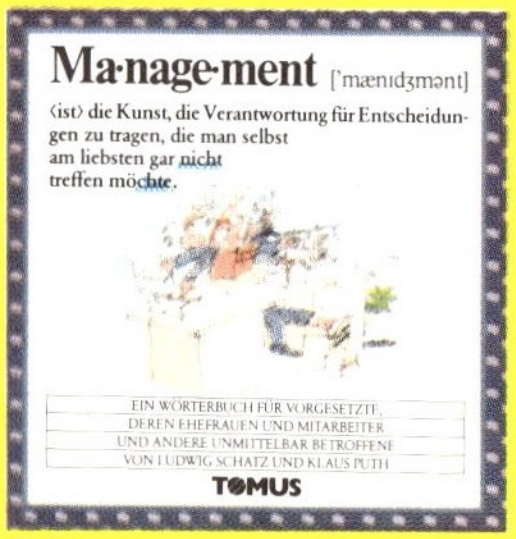

ISBN 3–8231–0124–2

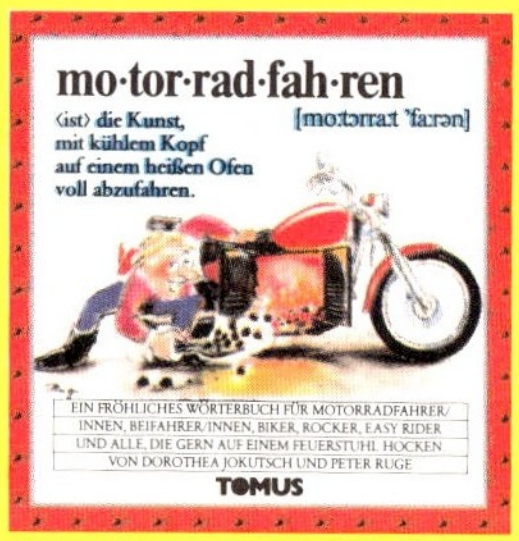

ISBN 3–8231–0140–4

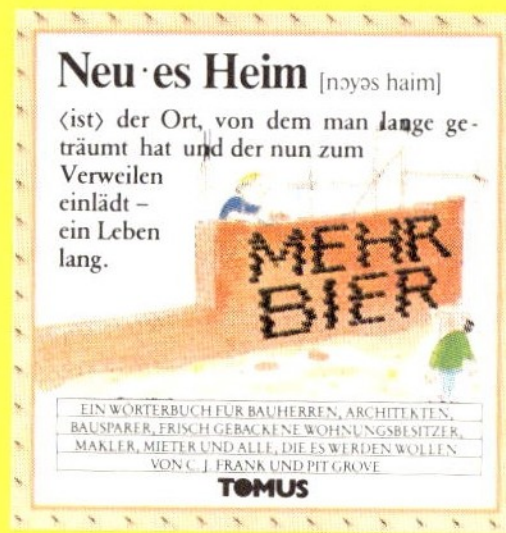

ISBN 3–8231–0117–X

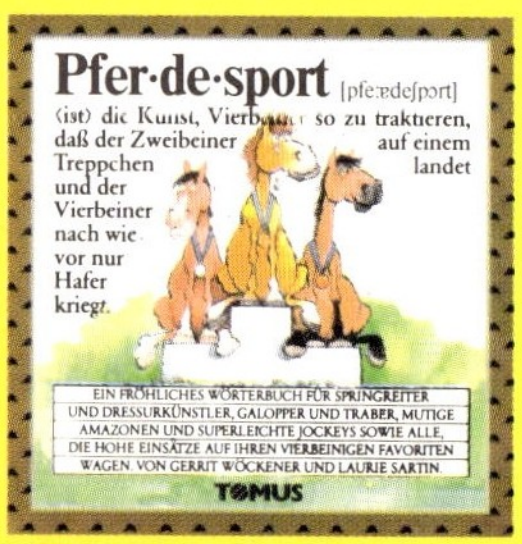

ISBN 3–8231–0156–0

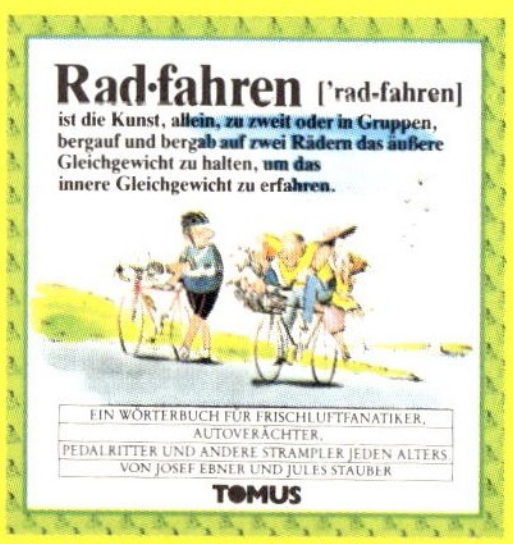

ISBN 3–8231–0109–9

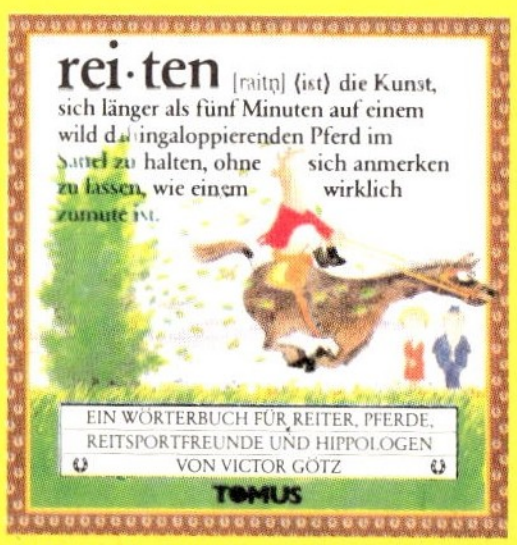

ISBN 3–8231–0102–1

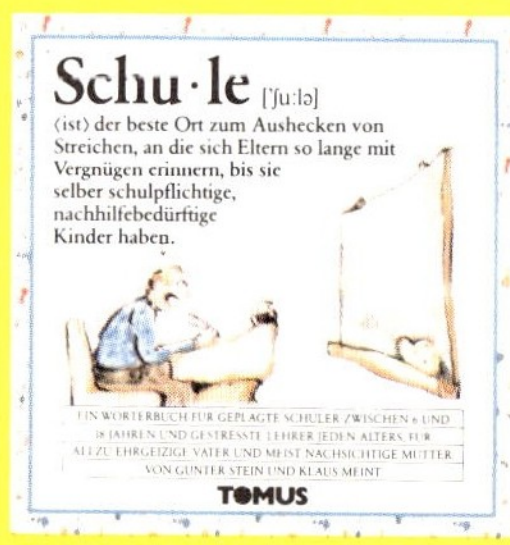

ISBN 3–8231–0111–0

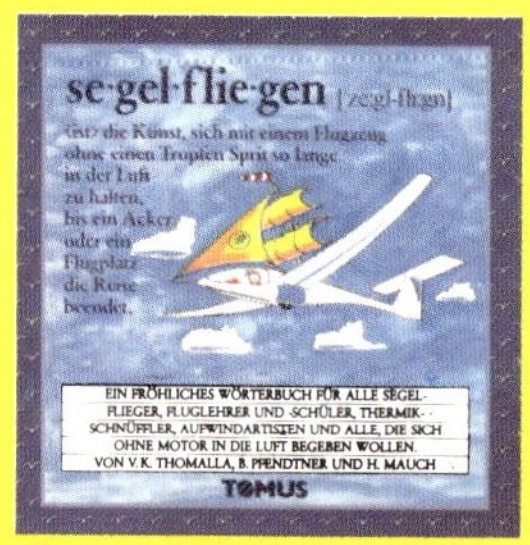

ISBN 3–8231–0151–X